오늘, 내일, 모레 정도의 삶

임상철 글·그림

〈빅이슈〉를 팔며 거리에서 보낸 52통의 편지

추천사를 부탁하는 이메일을 받고, 그야말로 '찰나'의 속도로 승낙했다. 그러나 원고를 읽기 시작하자 내가 추천사를 쓸 '자격'을 갖췄는지 자문할 수밖에 없었다. 학술서의 추천사라면 해당 분야의 전문 지식으로 쓸 수 있겠지만 이 책의 추천사는 전문 지식이 아니라 인간으로서의 격을 요구한다는 생각을 떨칠 수 없었기 때문이다. 그만한 '격'을 갖추었느냐는 자문에 선뜻 그렇다고 답을 내리지 못했다. 따라서 이 글은 정확하게 말하자면 추천사 형식으로 쓴 반성문에 가깝다.

자격이 있다고 확신하지도 못하면서 한 사람의 삶을 태연하게 비평한다면, 주제넘은 행동일 것이다. 자격은 없지만 나의 주제는 알고 있기에 비평하지 않고 글을 쓸 수 있는 방법을 경청에서 찾았다. 나는 임상철이 〈빅이슈〉의 구매자에게, 그리고 이 책의 독자에게 보내는 편지를 경청하기로 했다.

책 속에는 임상철의 인생 궤적을 말해주는 단편적인 정보가 흩어져 있다. 그 정보의 조각들을 모아봤다. 1967년에 그는 태어났다. 어린 시절 가구 공장에서 일했고 조형물 회사에서 조수 겸 직원으로 일하기도 했지만, IMF 구제 금융 사태는 그의 인생을 바꾸어놓았다. 1998년 그는 서울역으로 갔고 약 십팔 년 동안 홈리스로 지냈다. 우리는 흔히 서울역 앞에서 마주치는 술에 취한 사람을 전형적인 홈리스로 간주하지만 홈리스의 전형은 없다. 모든 홈리스가 길거리 생활을 하는 것도 아니다. 임상철은 때로 피시방에서 쪽잠을 자기도 했고, 24시간 사우나에서 밤을 보내기도 했고, 노숙인 쉼터에 머물기도 했다. 그러던 어느 날, 홈리스 자립 잡지 〈빅이슈〉를 판매하는 '빅판'이 되기로 결심했다. 그리고 자신이 판매하는 잡지에 자신의 인생을 담은 글을 끼워 넣었다. 그는 이렇게 세상에 자신의 이야기를 전하며 육 년여 동안 빅판으로 활동했다.

사회학자로서 빅판에 대해 어느 정도 알고 있다고 생각해왔다. 길거리에서 빅이슈를 판매하고 있는 사람을 만나면 '아, 빅판이 저기 있구나'라고 혼잣말을 하며 아마 다른 사람은 빅이슈 판매원을 부르는 '빅판'이란 명칭을 모를 것이라 단정하기도 했다. 매번은 아니지만 그래도 가끔은 〈빅이슈〉를 구입하며 스스로를 양심 있는 사람이라고도 생각해왔다. 《세상물정의 사회학》을 출간하고 〈빅이슈〉와 인터뷰를 한 적도 있었기에 꽤나 알고 있다고 막연히 생각하고 있었다.

그러나 책을 읽어 내려가면서 나는 빅판의 기능만을 알고 있을 뿐임을 깨달았다. 시청역과 광화문역 부근에서 수없이 마주

쳤던 빅판을 기억하려 해도 빅판이 흔드는 〈빅이슈〉만 기억날 뿐 인간의 모습이 떠오르지 않았다. 나는 언제나 그 사람을 인간이 아닌 빅판이라는 기능 범주로만 인식했기 때문이다.

그런 나에게 임상철은 '기능인'이 아니라 '인간'의 목소리로 자신의 삶을 말해준다. 나는 그의 이야기를 통해 기능을 수행하는 소리가 아니라 한 인간의 목소리를 듣는다. 그는 세상에 보내는 편지들로 타인에 의해 마음대로 대상화될 수 없는 자신의 삶을 표현한다. 빅판의 기능만을 알고 있는 나에게 그는 편지로 〈빅이슈〉를 팔면서 목격한 동시대인의 삶의 다양성을 알려준다. 그는 인생에서 마주친, 그리고 거리에서 경험한 사람들에게서 기능이 아니라 인간의 모습을 발견해낸다. 회고록을 쓸 예정인 노인, 스물여덟 번째 생일날 친구들에게 스물여덟 권의 〈빅이슈〉를 선물하고자 하는 청년, 자신의 이야기를 끼워 팔기 시작했을 때 만난 첫 번째 독자, 팬을 자처하며 단골로 구매해가던 어느 독자를 기억함으로써 동시대를 살고 있는 인간의 모습들을 표현한다. 또한 그는 자신을 표현하되, 자신을 동정의 대상으로 만들지 않는다.

임상철은 자신의 삶을 이렇게 설명한다. "사람들은 길거나 짧은 인생의 여정에서 누구나 자신만의 이야기를 만들면서 살아갑니다. 저도 저만의 이야기를 갖고 있고 지금도 만들어가고 있습니다." 그리고 이렇게도 말한다. 자신의 삶은 현재 진행형이라고. 그가 설명하는 그의 삶은 내 삶과 다르지 않다. 나도 그처럼 나만의 이야기를 만들어가면서 현재 진형형의 삶을 살고 있다. 우리 인간은 모두 그렇지 않은가? 비록 우리가 수행하는 기능은 서로 다를지라도.

임상철은 이 책에 담긴 편지를 통해 나에게 기능이 아니라 인간의 모습을 발견하는, 인간 감각을 통한 세상 관찰이 무엇인지를 일깨워주었다. 그 때문에 추천사가 아닌 반성문을 쓸 수밖에 없었다. 그에게 감사의 말을 꼭 전하고 싶다.

노명우(사회학자, 아주대학교 사회학과 교수)

들어가며

안녕하세요. 잡지를 판매하며 살아가는 임상철입니다. 반갑습니다. 〈빅이슈〉란 잡지와 홈리스로 생활한 이야기를 통해서 독자분과 만나게 되어 조금은 서글픈 생각에 쓸쓸하기도 합니다.

저는 꽤 긴 세월을 홈리스와 빅판(빅이슈 판매원)으로 살아왔습니다. 십팔 년 정도를 홈리스로 지냈고, 육 년여의 시간을 빅판으로 지내고 있습니다. 〈빅이슈〉를 팔면서 여러 곳을 떠돌다가 노숙 생활 중 다쳤던 다리의 나사 제거 문제로 한 달 정도 휴식기를 보내기도 했습니다. 그 후에는 홍대입구역에서 〈빅이슈〉를 팔았습니다.

저는 스스로나 남들이 느끼기에 아름답지만은 않은 잡지 판매 일에 대해 '왜 긴 세월 하고 있지?' 하며 스스로에게 자주 묻습니다.

'창피함을 내동댕이친, 자존심이 없는 존재라서?'

'뜬구름 같은 자립이란 단어를 위해서?'

'다른 일은 하기 싫은 게으른 자라서?'

제 마음을 독자분들과 나누고 싶은 소통의 바람, 또 제가 가야 할 길을 찾으려고 하는 것이 큰 이유일 수도 있습니다. 그러나 그건 어디까지나 저의 바람이기에 '독자분들이 이 잡지를 왜 살까?' 하고 궁금할 때도 많이 있습니다.

사람들은 길거나 짧은 인생의 여정에서 누구나 자신만의 이야기를 만들면서 살아갑니다. 저도 저만의 이야기를 갖고 있고 지금도 만들어가고 있습니다. 지금도 기억에 생생한, 순간의 사고로 한쪽 눈을 실명한 어린 시절, 원가를 부르며 지냈던 보육원, 조각가이자 조형물 제작자로 살고 싶었던 짧은 젊은 날과 외환위기 이후 인력 사무소를 전전하며 근근이 버텨온 십팔 년여의 홈리스 생활, 현재의 빅이슈 판매원 생활, 그리고 앞으로 살고자 애를 쓰고 있는 미술가로서의 삶까지도….

추구하는 삶과 좌절하는 삶 사이에서 과거의 불행을 밑거름으로 삼지 못하고 망각해버리는 인생이 될까 두려워질 때도 있습니다. 하지만 '나는 내 인생을 살아가고 있다'는 마음으로 삶을 살아나갈 생각입니다.

임상철

"사람들은 길거나 짧은 인생의 여정에서
누구나 자신만의 이야기를 만들면서 살아
갑니다. 저도 저만의 이야기를 갖고 있고
지금도 만들어가고 있습니다."

차가운 겨울

안녕하세요. 홍대입구역 3번 출구 빅이슈 판매원입니다. 잘 지내셨는지요? 이제부터 저의 이야기를 전해드리겠습니다. 제가 파는 〈빅이슈〉 잡지 뒷면에는 A4 용지 두 장 분량의 짧은 수필이 동봉되어 있습니다. 수필을 쓰는 이유는 〈빅이슈〉 특성상 구매하는 분들이 '이 사람은 왜 여기서 잡지를 팔아야 할까?'라는 생각을 할 듯해서입니다. 모자란 필력이지만 진솔한 마음으로 쓰고 있으니 관심과 응원을 주시면 감사하겠습니다.

생각해보면 저는 꽤 긴 세월을 홈리스로 살았군요. 어찌 보면 지금도 홈리스란 이름표는 계속 달고 다니며 살아가는 중이기도 합니다. 첫 번째 이야기는 빅이슈 사무실을 찾아가기 전의 일입니다.

언제부터인가 겨울은 항상 절망을 던져주고 떠나간다. 다시 오겠다면서. 외환 위기가 닥친 서른을 넘어서부터 겨울은 항상 나에게 굶주림의 고통을 주었다. 건기를 맞은 아프리카의 동물들이 굶주리듯 이것은 하루하루의 생계만 유지하면서 삶에 지쳐가는 잡부 인생이 치러야 할 대가다.

오늘도 문방구에서 이력서를 산다. 이력이라고 내세울 것 하나 없지만 취직하려는 청소 용역 업체에서 갖고 오라 하니 써야 한다. 일하고자 했던 거의 모든 곳의 면접에서 "나중에 연락드리겠습니다"라는 한마디를 듣고 사무실 문을 나서곤 했으니 쓰면서도 큰 기대는 하지 않는다. 흉하게 변색된 나의 오른쪽 눈 때문이었을 것이다. 면접관과 십 분이 넘어가도록 회사에 대해 상세히 이야기를 나눠본 적이 없다.

나는 그들을 이해해줄 수 있다. 어차피 그들도 윗사람에게 괜한 잔소리를 들을 필요가 없으므로. 스스로의 삶을 점점 찾기 힘들어지는 내가 싫어진다. 더 이상은 이력서를 써서 내고 싶지 않다. 차가운 겨울이다.

내 삶은 고시원에서 하루 종일 텔레비전과 함께 녹아내린다. 텔레비전에 나오는 사람들은 다들 여유로워 보인다. 모두들 웃는다. 마치 대한민국은 행복한 사회라는 듯이. 내일도 텔레비전과 니코틴에서 위안을 찾겠지. 오늘처럼.

겨울은 항상 절망적이었지만 올겨울은 더 이상 버틸 수 없을 만큼 최악의 절망이 나를 향해 오고 있다. 이제는 선택의 여지가 없다. 빅이슈 사무실 문을 두드리는 수밖에. 빅이슈에서도 안 되면 어디로 가지?

"임 씨, 정신 차려. 당신은 홈리스라고."

또 다른 내가 소리를 지른다. 나를 한심스레 쳐다본다. 홈리스 아닌 홈리스로 지내려고 했었지만 지금 나에겐 자존심, 창피함 등은 거창하게 들리는 꿈같은 말일 뿐이다. 생존이 우선이다. 절망의 겨울도 보내야 한다. 시간을 버려야 내가 산다. 새로운 시간이다.

|

2013년 1월 초, 빅이슈 문을 두드릴 때였습니다.

그때는 오른쪽 눈 때문에 인상이 험했습니다.

행복과 불행의 시간은 동등하게 존재한다.
지금은 어떤 시간일까?

정말로 살고 싶습니다

예전에 본 영화의 한 장면이 생각납니다. 〈라이프 오브 파이〉란 제목의 영화인데 젊은 주인공이 죽음의 위험에 처해 절박해지자 "신이여 이때껏 살아오게 해주셔서 감사합니다" 하며 울부짖던 장면을 기억하고 있습니다. 이때껏 살아오게 해줘서 감사하다니? 십오 년여 전 아찔했던 순간이 떠올라 두 번째 글을 드리겠습니다.

새벽부터 승합차를 타고 건설 현장에 도착했다. 인력 사무소 잡부 일은 직업을 매일 바꿀 수 있다는 점이 매력으로 다가오지만 또한 하루살이 인생으로 삶을 이어나가기에 큰 매력은 없기도 하다.

오늘 하루 동안 나의 직업은 벽돌 곰방이다. 주택 건설 현장에서 벽돌들을 등짐으로 옮겨 필요한 곳마다 미리 배치시켜주는 작업으로, 시간에 관계없이 정해진 양만 끝내주면 되는 일이다.

해야 할 하루 작업량을 보니 아침 일곱 시부터 시작하면 서두르지 않고 하더라도 넉넉잡아 오후 네 시 안에는 끝낼 수 있는 물량이었다. 일당은 타 잡부 일보다 1.5배 더 받지만 일은 고되며 입에선 단내가 나고, 등에선 식은땀이 흐를 것이다.

오전 여덟 시 무렵 건설 현장으로 아침밥이 배달됐다. 현장에 있던 예닐곱 명이 급조한 간이 식탁 주위로 모여든다. 간이 식탁이라야 블록으로 쌓은 자리에 신문지를 깔아놓은 것이 전부다. 소주도 두어 병 같이 와 밥과 반찬들 사이로 고개를 내밀었다.

아침부터 술 한 잔씩 하는 것은 건설 현장의 오래된 관행이며 (요즘은 큰일 납니다) 일꾼들에게는 윤활유와 같은 역할을 해 활력을 준다. 나도 밥뚜껑에 소주를 따라서 인부들과 그렇고 그런 잡담을 하면서 두어 잔을 반주로 마셨다. 알코올이 온몸을 돌기 시작하면서 하루 일에 대한 짜증은 달아나며 활력이 생겼다. 기분이 한결 나아졌다.

벽돌을 등에 지고 이곳저곳 던져놓으며 간이 계단을 오르고 내리기를 반복하다 보니 어느덧 오전 열한 시가 넘어가고 있었다. 숨소리는 등에 진 벽돌들의 무게만큼이나 거칠어지고 다리는 근육들이 제각각의 형태로 벌써부터 경련을 일으키고 있었다. 또다시 벽돌을 지고 외벽 간이 계단 삼 층 정도 높이에 다다를 무렵, 순간 계단이 꺼지면서 온몸이 기우뚱했다. "어~ 어~" 하는 소리와 함께 슬로비디오처럼 벽돌들과 내 몸이 허공을 휘저었다.

건물 외벽을 지탱하던 아시바(비계)가 뒤틀리면서 지고 있던 벽돌들과 함께 중심을 잃고 추락을 하였던 것이다. 추락하는 것은 불길하다. 상처를 남기기도 한다. 행복한 시간과 불행한 시간의 길이를 서로 다르게 만들어버리는 것은 뇌가 갖고 있는 특이하고 신비한 능력이다. 떨어지는 삼 초 정도의 시간이 하루처럼 느껴지며 살아온 생이 다큐멘터리 필름처럼 지나갔고 그 끝에서 나는 갈구하며 절로 기도하였다. 이대로는 죽고 싶지 않습니다. 정말로 살고 싶습니다, 라고.

사고 후 왼쪽 다리뼈 두 군데가 골절돼서 한 일 년을 고생했습니다.

지금도 박혀 있는 철심은 그날을 기억하게 합니다. 당시 생존만을

위해 살던 홈리스라 굳이 살아야 할 이유가 없었지만 추락하는 순간

살고 싶다는 욕망이 강하게 머릿속을 울린 것이 어떤 이유에서인지는

지금도 알 수 없습니다.

노동하는 사람들.

들개

시간이 빠르게 느껴집니다. 저는 시간에 게으른 자로서 많은
시간을 소비했습니다. 지금은 극복하는 자가 되려고 노력은
하고 있지만 마음먹은 대로 안 돼서 스스로에게 실망할 때가
많습니다.

제가 홈리스로 지낸 시절을 돌이켜보면 혼자보단 둘이
어울리며 다니는 게 여러모로 좋다고 느껴졌는데요. 장마철
날씨와 함께 제가 삼십 대 시절에 알고 지냈던 청년이 생각나
세 번째 글을 드립니다.

나는 인력 사무소를 전전하며 떠돌아다니는 중이다. 생존을
위해 도시를 떠도는 들개라 해도 무방하다. 지금까지 알고 있었
던 친구나 동료들은 내 벗이 되어주지 못했다. 그들은 들개를 거
부하니까.

나는 현재 충청남도 천안역 부근 인력 사무소에서 제공하는

숙소를 집으로 정해서 기거 중이다. 여기서 이십 대 후반인 청년을 만났다. 청년은 나하고 친해지길 원하는 듯했다. 숙소에서 같이 지낸다는 것은 뜻 모를 호감을 줄 수도 있어 청년을 멀리할 이유가 없었다.

시간은 초여름을 지나면서 본격적인 장마철이 우리에게 다가오고 있었다. 이러한 날씨는 경험상 인력 사무소 노동자들에게 힘겨운 돈 가뭄의 시간이 될 거라고 나는 알고 있다. 건설 일, 특히 인력 사무소는 비하곤 물과 기름같이 어울릴 수 없는 사이이기도 하다. 올해 장마철에는 특히 새벽에 폭우가 내린 날이 많아서 그나마 예약했던 일도 계속 취소돼 사무실 일거리가 눈에 띄게 줄어들고 있다. 숙소에 있는 노동자들은 하루하루 날이 가도록 일거리를 얻지 못하고 공치는 날이 많아 수중에 있던 돈도 바닥을 보이기 시작했다.

어느 날 늦은 저녁에 인력 사무소 소장이 불쑥 숙소를 찾아왔다.

"일이 없어서 내일부터 인력 사무소 숙소를 폐쇄합니다. 내일까지 짐들 챙기고 갈 곳들 찾아가세요."

없는 자인 나는 어느 해부터인가 가진 자가 하는 말에 숨죽이고 순종하는 것이 익숙한 사람이 되어버렸다.

'돈도 바닥나고 잠자리마저 잃다니.'

낯빛은 절망으로 흐르고….

짐이라고 해봐야 안전화와 작업복 넣은 배낭 하나, 그리고 내 몸이 전부다. 같이 현장 일 몇 번 다녔던 이가 사정을 전해 듣고 찾아와서 숙소에 멍하니 있는 나와 이십 대 청년을 보며 자신이 거주하는 곳에서 같이 지내자고 한다. 가보니 흡사 공포영화에 나올 듯이 철거하기 전의 폐가였지만 그래도 남들의 따가운 시선을 피할 수 있고 편히 숨 쉴 수 있으니 고마운 곳이었다.

그 집에서 지낸 지 이틀이 흐른 저녁, 같이 지내자던 사람은 불편한 심기를 드러내며 트집을 잡고 언성을 높인다.

"도둑고양이가 들락거리면서 똥, 오줌 싸니까 문단속 잘하라고 했는데 왜 안 하냐?"

그러면서 청년을 보며 나가라고 소릴 지르고 욕하기 시작한다. 그날따라 오후부터 내리던 비는 폭우로 변해가며 밤은 점점 거칠어졌다. "이 폭우에 어딜 가냐" 하며 말려도 그는 막무가내로 청년을 몰아세운다. 듣기만 하던 청년은 조금 후 "알았어"라는 침울한 한마디와 함께 시커먼 폭우 속으로 들어갔다. 비와 어둠은 그를 반갑게 맞이하였다.

|

청년이 지금 어떤 삶을 사는지 알 수 없습니다.

성실한 삶을 살고 있기를 바라고 있습니다.

식용으로 팔려 온 잡종견의 모습에서 체념의 눈빛을 읽었다.
개들도 운명을 아는지….

상실

어머니의 유언 같은 한마디가 떠오릅니다. 지병을 갖고 있던 어머니께선 제가 여덟 살 무렵 삶을 마감했습니다. 병명이 폐병이라는 것과 결혼 전 섬유업체서 일하다 얻은 병이라고 하는 말을 들은 적이 있습니다. 어머니께서 기침하며 약 사 오라면 철없이 용돈 받는 재미로 약국에 다녔던 기억도 있고, 돌아가시기 전에 "너는 나를 평생 원망하며 살아갈 거다"라는 당시 이해할 수 없는 말씀을 하셨던 것도 기억에 있습니다.
'왜 어머니를 원망하며 살아야 할까?'
그렇게 생각했던 저는 이제는 알고 있어도 이해하고 싶지 않은 한마디입니다. 네 번째 글입니다.

기억은 안개와 같이 흐리다. 잡아내고 싶지 않다. 기억은 선명해질 때도 있다. 그러나 아름답지 않다. 지금도 간혹 한 시간 전의 일처럼 선명해지며 고통이 되살아날 때가 있다. 눈에선 피가 흐르고 수술실의 하얀 옷과 침대의 하얀 천들, 그리고 점점 멀어져가는 의사와 간호사들의 웅얼거리는 목소리. 어쩌면 내 인생에서 큰 사건이라고 할 수도 있을 것이다. 행복한 일은 아니다. 불길하고 어두움으로 가는 일. 장애를 갖고 있다는 건 사회적으로 유명인이거나 성공했을 때는 많은 이들에게 감동을 줄 수도 있지만 어쨌건 지금 나는 장애를 가진 것에 불편해하며 살고 있는 사람이다. 기억은 안개와 같이 흐리다. 그리고 잡아내기도 쉽지 않다. 분명한 건 예닐곱 살까지 두 눈이 멀쩡한 아이였던 건 확실하다.

내가 살고 있는 곳은 열 가구 정도가 모여 있는 제주도의 자그마한 동네였다. 동네는 내 또래 어린이들이 가구마다 두세 명 정도는 있어서 활기차고 소란스런 축에 속했다. 우리는 온종일 함께 몰려다니면서 놀곤 했다. 놀이라고 해봐야 구슬치기, 딱지치기, 술래잡기 등 잡다한 것이 전부였다. 가끔 텔레비전에서 프로레슬링을 하면 집에 텔레비전이 있는 친구에게 구슬이나 딱지 등을 주며 시청하기도 했다.

중계가 끝나고 집에 돌아와서는 형과 여동생에게 텔레비전에서 보았던 것을 흉내 내다가 어머니께 텔레비전을 사달라고 칭얼거리기도 했다. 돌아오는 대답은 항상 '열 살이 되면 사준다'였다. '열 살이 될 때까지 프로레슬링을 했으면 좋겠는데.' 그런 생각을 하곤 했다.

그 날도 우리는 서로의 집 앞에 서서 이름을 부르며 놀고 있었다. 동네 공터에 여럿이 모여 딱지치기를 하다가 딱지치기 규칙을 가지고 서로 말다툼을 했다. 어른들이 봤을 땐 아주 조그마한 일이지만 우리에겐 꼭 짚고 넘어가야 할 중요한 일이었다. 잔잔하던 동네는 우리가 떠드는 소리로 시끄러워지기 시작했다.

그때 어디선가 "에이, 시끄러, 조용히들 안 해!" 하는 고함과 함께 무언가가 내 오른쪽 눈을 향해 날아들었다. 나는 털썩 주저앉았고 내 옆에는 어린애 손바닥만 한 돌멩이가 떨어져 있었다. 같이 있던 친구들이 옆으로 다가와 내 얼굴을 보더니 "너 눈에서 피가 흘러"라고 말하면서 겁먹은 표정으로 우리 집으로 달려갔다. 피가 흐르는 오른쪽 눈을 두 손으로 감싼 나는 어찌할 바를 모르고 주저앉은 채로 울고만 있었다.

그날 병원에서 수술을 했지만 오른쪽 눈의 시력을 상실했습니다.

기억은 안개와 같이 흐리다. 잡아내고 싶지 않다.
기억은 선명해질 때도 있다. 그러나 아름답지 않다.

하룻밤이라도

빅판 생활을 오래 하다 보면 오가는 사람들의 시선에 만성이
될 듯도 한데 처음이나 지금이나 크게 변한 게 없습니다.
오히려 지금이 더 자유롭지 못하고 사람들의 시선에 더
부담을 느낄 때도 있는데요. 왜 그런지 이유도 모르겠습니다.
미술로 무언가를 보여 줘야 한다는 부담감일 수도 있고,
마음 한구석에서 홈리스란 단어를 거부하는 게 아닌가 하는
생각도 해봅니다. 아니면 더 나락으로 떨어지면 안 된다는
두려움일 수도 있습니다. 한여름 밤의 꿈 같은 일이 기억나
다섯 번째로 이 글을 드릴까 합니다.

오후 다섯 시 이후는 건설 현장에 일 나갔던 노동자들이 가장
좋아하는 시간이다. 인력 사무소에 가서 하루 노임 수령하는 일
만 남았기 때문이다. 같은 현장 일을 한 동료들과 함께 총 열여섯
명이 12인승 승합차에 올라타면서 몸이 구겨진다. 이 승합차는

무료로 타는 것이 아니다. 각자의 노임에서 오천 원씩 빼 차주에게 건네줘야 한다.

인력 사무소까지는 차로 이동해 한 시간 정도 걸린다. 땀내와 체온이 더해져 달궈진 승합차의 열기는 일 끝내고 돌아가는 즐거움으로 얼마든지 참을 수 있다. 인력 사무소 도착까지 시간이 더디 간다고 느끼고 있을 때 누군가가 "에어컨 빵빵하게 틀어!" 하고 나오지도 않는 에어컨을 틀라고 욕하면서 즐거움을 표하기도 했다.

사무소에 도착하자 모두들 느긋이 차에서 내린다. 우리는 간단히 막걸리로 목을 축이기로 선약한 상태였다. 삼삼오오 모여 근처 편의점에서 오늘 갔던 현장 일과 현장 직원을 안줏거리 삼아 막걸리와 소주를 비워내기 시작했다.

대부분의 술자리가 그러하듯 잠깐 하고 끝나지는 않는다. 나는 오늘 저녁에는 시간이 많은 사람이다. 오늘은 팔만 원이란 거금으로 두툼한 주머니가 있다. 일 다녀온 다른 모든 이들도 남부럽지 않게 부유하고 여유로운 자들이 되어 있었다.

그러나 시간이란 놈은 일할 때와 반대로 바삐 도망가버린다. 시계 대용으로 쓰는 모토로라 상표 휴대전화를 열어보니 어느덧 밤 열두 시를 넘기고 있었다. 모두들 이젠 헤어져야 할 때라고 생각한다.

"김 씨, 이 씨, 박 씨, 모두들 내일 봅시다."

아쉽기도 한 공허한 마지막 작별 인사를 하며 헤어진다.

사우나서 잠 좀 자고 새벽에 인력 사무소를 찾아가려고 했지만 사우나 비용이 아까워지기 시작한다.

'고작 네댓 시간 자려고 칠천 원을 줘야 할까?'

사우나서 편하게 잔다 해서 새벽 다섯 시에 일어날 의지가 생길 것 같지는 않기도 하다.

조금 걸으며 잘 곳을 찾아 주위를 살피니 주민센터 옆 타원형으로 생긴 나무 벤치들이 보인다. 날씨는 신선하게도 좋은 상태라 작업복 넣은 배낭을 베게 삼아 드러눕는다. 두 눈을 감은 지 얼마나 지났을까? 누군가가 더듬는 듯한 느낌이 들고 소곤거리듯 말하는 소리가 들린다.

"야, 재수 없네. 아무것도 없다. 노숙자 거지인가 봐."

순간 둔탁한 소리와 함께 머리에 충격이 왔다. 술기운과 잠이 달아나며 긴장감이 온몸을 휘감는다.

"뭐야!"

큰소리로 외치며 벌떡 일어나니 청소년들로 보이는 애들이 부리나케 도망간다. 머리에서 끈적한 게 흘러내리면서 어지러워진다.

근처 편의점을 찾아가 경찰을 불러달라 말하면서 머리를 손으로 감싸 확인해보니 머리카락에 엉겨 붙은 피가 머리 형태를 변형시켜버렸다. 조금 후 순찰차로 병원에 가서 치료를 받는데 병원비와 며칠 일을 못하겠다는 생각에 정신은 더 혼미해진다. 오늘도 나는 뭉크의 절규가 되어간다. 신은 나에게 이 정도의 삶만을 허락하였을까?

|

머리를 다친 이후부터 모자를 즐겨 썼습니다.

한여름 밤의 꿈, 하룻밤이라도 편한 잠을 꿈꾸던 때.

민달팽이

건강하시지요? 빅판 일을 하면서 이 잡지는 표지 모델과
계절에 따라 판매량에 차이가 난다고 느끼고 있습니다.
독자분은 홈리스 하면 어떤 이미지가 떠오르시나요?
길거리 공원 아니면 지하도서 종이박스 깔고 자는 사람을
생각하는 분도 계시겠지만 홈리스들도 여러 형태로 잠자리를
해결합니다. 공원이나 지하도보다 24시 사우나, 고시원,
피시방, 노숙인 쉼터 등에서 생활하는 사람이 더 많습니다.
저도 대부분 겪어봤고, 그중에서도 피시방서 잠자리를
해결하며 지낼 때 기억나는 사장님이 있어서 여섯 번째로 이
글을 드리고 싶습니다.

벌이 웅웅 소리를 내는 듯한 기계음, 안개처럼 퍼져 있는 담
배 냄새와 은은한 빛, 간혹 요란한 총소리가 울리면서 낯선 웃음
소리가 들리는 이곳은 내가 거처하는 곳이다. 내가 이곳을 집으

로 삼은 건 아늑하고 깨끗해서가 아니다. 인력 사무소 근방이면서 이 동네(성남) 피시방 중에서는 비용이 저렴하고, 나와 같은 부류가 (내색은 않지만) 더러 보이며 실내가 어두컴컴해서 쪽잠을 잘 수 있다는 기대감 때문이다.

피시방 직원은 나를 손님처럼 달가워하지 않으며 귀찮다는 듯 바라본다. 내가 자리를 차지하고 나면 곧바로 내 자리로 와서는 방향제를 뿌려대곤 했다. 일을 하고 오면 원래 있던 냄새와 야릇한 땀내가 섞여 내 몸에서 퍼져나가는 것을 알고 있기에 짐짓 모른 척한다. 그는 내 뒷모습을 쳐다보면서 비웃음을 흘렸으리라.

이곳 피시방 사장은 깐깐해 보이는 인상이며 쉬지 않고 몸을 바삐 움직인다. 나이는 나와 비슷해 보이고 나의 존재를 신경 쓰지 않으며 보통의 손님으로만 보면서 간혹 오래된 단골인 양 직원을 시켜 무료로 음료수를 건네주기도 해서 약간의 감동을 줄 때도 있었다.

어느 날 저녁, 그는 식사를 같이하자며 친근하게 다가온다. 옆에 있던 직원은 당황하며 놀라는 표정을 지어 보인다. 웬일일까? 불쌍해 보였나? 나는 이곳을 집 삼아 지내는 사람 중에 하나일 뿐인데. 마음이 가볍지 않고 부담도 있었다.

저녁을 같이하며 그는 경영학과를 나와서 무역 회사에 근무하다가 피시방을 운영 중이라며 자신의 이야기를 들려주었다. 또한 이 일에 슬슬 회의를 느낀다는 것도. 이 동네에서 피시방 요금을 시간당 육백 원 받아서는 타산이 안 맞는다는 등 나에게는 민감한 이야기도 하였다. 그러고는 나에 대해 궁금해하는 눈치를 보였다. 매일같이 피시방에 쪼그리고 앉아 밤을 새우는 자를 발견하곤 호기심이 생길 만도 했겠지. 어떤 이야기를 해야 하나? 자랑스러운 이야기를 할 것도 없고 현재의 생활을 군이 얘기할 필요도 없어 보여 말문이 열리지 않았다.

그날 이후 피시방 사장은 '임 형'이라는 존칭으로 나를 살갑게 대하면서 거리감을 좁혀왔다. '임 씨'가 아닌 '임 형'으로 불린 건 실로 오랜만의 일이었다. 그러나 오래 걸리지 않은 시간에 그는 저녁마다 자신의 피시방으로 오는 존재가 민달팽이라는 것을 알게 되었다. 그는 다만 모른 척했을 뿐이며 나 또한 민달팽이가 아닌 척 애써 외면해왔다는 걸 깨달았다.

이제 이곳도 나의 집은 아니며 떠나야 할 시간이 온 것이다. 떠난다는 것은 나에게 낯설고 슬픈 단어는 아니다. 다른 시간 속에 또 다른 삶을 사는 것뿐이다.

|

이후에 성남의 다른 피시방에서 조금 더 지내다가 천안으로 갔습니다.

저는 지금껏 저의 삶을 사랑했습니다.
홈리스 삶에서 빅판을 한 건 인생의 큰 변환점입니다.
저를 아는 분들께 큰 감사를 드립니다.

오토바이 훼손범

손수레를 끌고 다니며 폐지를 수집하고 야산에서 나물을
캐 팔기도 하는 할머니 한 분을 빅이슈 잡지를 판매하게끔
소개한 적이 있는데 잘한 일인지 모르겠습니다.
저도 오래전에 폐지 1킬로그램에 삼십 원, 고철 1킬로그램에
삼백오십 원 할 때 고물상에서 손수레를 빌려 폐지와 고물을
주우러 다닌 적이 있어서 일곱 번째 글로 적어볼까 합니다.

천안서 성남으로 도망치듯 온 지 몇 해인가? 여기서도 나는 두
가지 이름으로 살아간다. 하나는 '임 씨' 다른 하나는 '홈리스'다.

인력 사무소에서 함께 어울렸던 사람을 성남 모란역 부근 길
거리에서 우연히 만났다. 그 사람은 편의점에서 나오는 종이 상
자들을 손수레에 담고 있었다.

"형님, 여기서 뭐 하세요. 고물상 일 하세요?" 하며 말하자 날
힐끗 본 그는 "어? 임씨구나. 요즘 일거리 많아? 난 몸이 안 좋아

서 폐지나 주우러 다니고 있네."

"형님, 담배 한 개비만 줘보세요."

나의 삶은 망가져가는 중이다. 망가지고 뒤틀렸다고 해야 바른 말일 듯도 싶다. 고시원 방세는 밀린 지 두 달이 다 돼가며 배고픔보다는 담배에 대한 갈증이 더 심했다.

"잠시 수레에 있는 폐지를 고물상에 넘기고, 오랜만에 만났으니 막걸리나 한잔하자고" 하며 형님은 말했다.

손수레 뒤를 밀어주면서 고물상으로 가니 고물상인은 폐지를 저울에 달고 나서 만 이천 원을 건네줬다.

우리는 근처 편의점으로 가서 막걸리와 간단한 요기를 하며 그간의 생활과 현재의 삶을 이야기하였다. 남들이 보기엔 고달프지만 우리는 우리들의 삶이 당연한 듯 느끼며 고달픈 일로 생각하지는 않고 있었다. 주거니 받거니 하다 보니 폐지를 판 돈은 금방 사라져버렸다. 형님의 하루가 나를 만나고 나서 허무하게 날아가버려 미안한 마음을 가져야 할 것 같았지만 그럴 여유가 나에게는 없었다.

배고픔은 창피함을 이기는 것. 다음 날 아침, 일찍 고물상으로 가서 주민등록증을 맡기고 손수레를 빌렸다. 나는 폐지 줍는 초보자이며 길거리에 널려 있는 모든 것들을 버린 걸로만 알고 있는 수집가이기도 하다. 손수레를 끌며 정한 곳 없이 걸어가는 중에 길가 쓰레기 더미 옆의 낡은 오토바이 한 대를 발견했다.

'횡재했네. 누가 오토바이를 버렸구나.'

지나는 길가에서 만 원짜리 한 장을 주운 듯 행복하기까지 했다. 그렇게 오토바이를 분해하고 있을 때 누군가가 다가와 인상을 쓰며 큰소리로 제지했다.

"이봐요, 지금 뭐 하는 겁니까?"

"왜요? 오토바이 갖고 가기 쉽게 분해하는 중인데."

"이 양반아, 그거 버린 거 아니요. 다 부숴버렸네."

버린 물건이 아니라니! 앞이 캄캄해지며 속이 뜨끔했다.

"그럼 왜 쓰레기 더미에 놓여 있습니까?"

"내가 주인은 아닌데 큰일 났네. 하여튼 여기 꼼짝 말고 기다리시오."

상대방은 전화로 누군가와 한참 이야기를 주고받고 나서는 "아저씨, 오토바이 주인이 지금 멀리 있어서 올 수 없다며 아저씨 주민등록번호와 전화번호 적어달라 합니다" 하고 말했다.

고물을 줍자고 나선 첫날 오토바이 훼손범이 돼버렸으니 맥이 풀린다. 그러나 손수레는 끌어야 한다. 나는 단지 생존을 위해서만 살아가는 자이니까.

|

경찰서에서 전화가 올 줄 알았으나 오지 않았습니다. 아마도 오토바이 주인이 신고를 안 한 듯합니다.

홍대입구역에는 많은 이들이 오간다. 모두들 자신들만의 인연으로 서로가 이어져 있을 것이다. 이곳에서 나는 뱃길이 끊긴 섬과 같은 존재다. 〈빅이슈〉를 판매하는 또 다른 이유는 사람과 인연을 이어가려고 하는 것 때문일 수도⋯.

양주와 랍스터

문득 '빅이슈 판매원으로 일하는 것이 직업일까?' 하고
생각해봤습니다. 직업이라고 한다면 전국에 육십 명 정도만
있는 특별한 직업이란 생각도 듭니다.
1997년 외환 위기 이후 홈리스로 살기 전 마지막 직장은
남산 하얏트 호텔이었고 그곳에서 야간 주방 청소 일을
했습니다. 밤 열 시부터 아침 여덟 시까지 근무하면서 지내던
때 있었던 우스운 일이 생각나 여덟 번째 글로 드리겠습니다.

나는 현재 모든 걸 놓아버린 상태로 있다. 습작하던 인조대리
석 조각과 공구들을 다 버렸으며 언제 다시 조각가의 길을 찾아
나설지 알 수 없어 모든 게 끝나버린 것이라 생각하고도 있다.
　신문이나 방송은 계속 '금 모으기 운동' 이야기로 도배되고 있
고 '서울역 노숙자'란 말도 처음으로 생겨났다. 지금은 쪽방에 살
고 있어 '노숙자'란 단어가 나의 것은 아니지만 그 길로 갈 수 있

다는 불안한 생각을 지우지는 않고 있다. 만약 '노숙자'란 단어가 내 삶이 된다 해도 슬픔보단 호기심이 더 클 것 같기도 하다.

1998년은 실업자가 넘쳐나는 해이지만 하얏트 호텔의 야간 주방 청소원으로 취직을 했다. 주방 청소는 나에게 낯선 일이었지만 현재 한국은 불안의 구름이 덮여 있어 그런 걸 신경 쓸 만한 여유는 없다.

일 때문에 처음으로 호텔이란 곳을 가보니 몸에 맞지 않는 옷처럼 거북스러웠다. 밤 열 시가 다가오자 작업반장이 찾아와 청소 직원들이 있는 지하 삼 층의 어느 공간으로 나를 데려갔다. 남자 여덟 명과 여자 여섯 명이 있었는데, 다들 나보다는 나이가 십여 년 이상들로 보였다. 반장은 단추가 떨어져 덜렁거리는 낡은 작업복과 매우 커서 슬리퍼를 신은 듯 착각하게 하는 장화를 건네주었다.

우리가 할 일은 조를 짜서 호텔 하수구를 청소하고 음식물 찌꺼기를 아침까지 깨끗이 비워내는 일이었는데, 시간도 빠듯하고 많은 양의 음식물 찌꺼기와 하수구에서 올라오는 냄새가 만만치 않은 일이었다. 그래서 신입을 별로 달가워하지 않는다. 어느 날 갑자기 그만둬버리면 다른 동료가 힘들어지기 때문이다.

하루는 한참 음식물 찌꺼기와 싸우고 있을 때 동료 중 한 명이 뚜껑만 딴 듯 먹다 남은 양주를 갖고 와선 크게 웃으면서 하나 건졌다며 자랑했다. 그것은 우리가 위 속으로 처리해야 할 것이었다. 동료는 "우리도 양주에 제대로 안주 한번 해 먹어보자고" 하면서 수족관에 노닐고 있던 랍스터 한 마리를 건져내어 순식간에 오븐에 넣어버렸다. 그 모습에 깜짝 놀라서 "직원들이 랍스터 숫자 알고 있지 않을까요?" 하니 "뭐 알겠어? 수족관서 탈출한 줄 알겠지" 하기에 나는 조금 웃고 말았다. 우리 조 세 명은 청소하다 말고 양주와 랍스터 안주를 먹으며 그 순간만은 하얏트 호텔에서 부유하고 여유로운 자들이 됐다.

다음 날, 작업반장은 우리 조를 부르고선 랍스터 구워 먹은 게 감시 카메라에 잡혔다며 다들 형사 고발 안 된 걸 다행으로 여기라고 말했다. 그는 우리의 일거리를 갖고 가버렸다.

|

요즘은 이상합니다. 먼 미래의 삶에 대해선 관심 없이 오늘, 내일, 모레 정도의 삶에만 집착하고 있습니다.

판매 끝내고 전철서 문득, 위태위태하게 사는 삶 피에로 공 타기 같다고 느껴지니….

과자종합선물세트

길거리를 떠돌던 시절, 명절 연휴는 피시방이나 찜질방에서
시간을 소비하며 지냈습니다. 아주 어린 시절을 떠올리면
파도 소리, 사촌들과의 숨바꼭질, 그리고 아버지가 깨워 졸린
상태로 친척들과 같이 제사를 지냈던 기억이 어렴풋이 남아
있습니다. 아홉 번째 글입니다.

　　남들은 이곳을 제주도라 한다. 내가 태어난 곳이지만 현재는
보육원에 살고 있다. 나 혼자만 있는 건 아니고 형과 같이 지내는
중이다. 추석이나 설날, 크리스마스가 다가오면 가슴이 설렌다.
명절날은 아버지나 친척들과 하루라도 같이 지낼 수 있으리라 기
대되기 때문이다.
　　그러나 보육원에서 지내는 아이들 중 명절날 부모나 친척들
이 찾아올 수 있는 아이들은 거의 없으며 거기에는 우리 형제도
포함된다. 몇 번의 추석이나 설이 지나도록 아무도 우리를 보러

오지 않았다.

추석날 아침, 같은 방에서 생활하는 친구의 아버지가 찾아왔다. 친구는 기쁜 얼굴로 "상철아, 우리 아버지랑 같이 영화 보러 가자"라며 말을 건넸다. 친구와 같이 놀러 가고 싶은 마음은 연기처럼 피어올랐지만 "우리 아버지도 올 거야" 하며 자존심을 세웠다.

친구는 들뜬 표정과 몸짓을 하면서 아버지와 함께 시내로 나갔다. 형과 나는 '이번만은' 하는 마음으로 아버지나 친척들이 오기를 기다렸지만 저녁이 깊어가도록 아무도 오지 않았다.

밤늦게 친구가 과자종합선물세트 몇 개를 들고 의기양양하게 보육원 문을 들어섰다. 친구는 나에게 하나를 선물로 내밀면서 "내일도 아버지가 찾아오기로 했어" 하고 매우 행복한 표정을 지어 보였다. 나는 설날이나 추석 때 한 번도 오지 않는 사람들을 마음속 깊이 원망하면서 눈물을 삼키며 잠자리에 들어갔다. '왜 안 올까?' 기억하고 싶지 않은 식어버린 하루였다.

다음 날 아침, 보육원 원생들은 세수를 하려고 '월대'라 불리는 강가로 몰려갔다. 그런데 강가에는 경찰관과 마을 사람들이 모여 서성거리고들 있었다. 경찰관은 강물 속에서 무언가를 찾고 있고, 사람들은 수군거렸다. 이야기를 들어보니 지난밤에 누군가가 물속으로 뛰어들어버렸다는 것이었다. 거짓말 같아 호기심이 생겨 구경하기로 했다.

잠시 후, 경찰관이 우릴 내쫓고 나서 뭔가를 건져 올리기 시작했다. 몰래 숨어서 구경하는데 건져 올리는 게 실물 크기의 인형 같이 느껴지는, 팬티만 걸쳐 입은 하얀 색의 사람이었다. 그때, 방금까지 옆에서 호기심 어린 표정으로 구경하던 친구가 갑자기 흐느끼기 시작하더니 울음소리가 거칠게 변해갔다. 보모 선생님이 달려와서 쓰다듬어주었지만 친구의 울음은 그칠 수 없다는 듯 더욱 절망적으로 변했다. 나는 슬그머니 방으로 가서 친구에게 받았던 종합선물세트를 꺼내 다시 돌려주려고 준비했다. 친구 아버지의 유산이었으니까.

|

아버지는 제가 보육원에 있는 동안 한 번도 찾아오지 않았습니다.

그러나 저는 아버지를 이해해주기로 했습니다. 서로가 아프니까요.

계모에게 구타를 당하면서도 "소풍만은 제발 보내주세요"라고 말하던
어린 아이가 생각났다.

멍

즐거움과 괴로움이 지진계처럼 기복 많았던 찬란한 젊은 시절, 한 여성분과 스치는 인연으로 지낸 적이 있습니다. 누군가가 '그 시절로 돌아갈 거야?' 묻는다면 저는 '시간만 붙잡고 싶다'고 말하고 싶습니다. 열 번째 글입니다.

오늘도 야근이다. 말로는 조형물 회사라지만 공방이나 다름 없이 반복 작업 위주로 하는 곳이다. 손에는 아크릴물감이 묻어 있고 작업복에는 테레핀유와 아세톤 냄새가 섞여 강한 냄새가 배어 있다. 이곳 채색부는 지금 내가 있어야 할 곳이 아니다. 단지 이곳에 있는 여성들과 어울리고 싶어 옆을 기웃거리는 중이다. 채색부 팀장은 "임 대리는 여기 자주 오시네. 정말 사귀려는 거야?" 하며 날 보고 웃었다.

그녀가 이 회사에 입사한 건 한 달 전이다. 처음에는 관심이 없었다. 그러나 말이 없고 항상 혼자 있으며 우울한 듯한 표정을 보면서 호기심을 갖기 시작했다. 나는 나를 잘 알고 있다. 여성들은 나에게 관심을 갖기보단 내 오른쪽 눈을 보며 호기심만 많다는 것을. 그녀는 다른 사람들과는 대화를 별로 안 하지만 점심 휴식 때나 쉬는 시간에 나의 농담을 곧잘 들어주곤 했다.

하루는 회사 직원들이 "구급차 불러야 하는 거 아냐?" 하며 웅성거렸다. '큰 사고가 난 건가' 하는 생각에 소리 나는 곳으로 가봤더니 사람들이 모여 있고 그녀가 바닥에 쓰러져 발작을 하고 있었다. 조금 후 진정된 그녀는 일어나 자리에 앉아 아무 일도 없었다는 듯이 다시 일을 했다.

처음엔 병인지도 몰랐다. 그러다 직원들끼리 하는 말을 듣고 그게 뇌전증이라는 것과 주기적으로 발작이 일어나며 완전히 나을 수 없다는 사실을 알게 되었다.

'생애 처음으로 나에게 마음을 주는 여자가 병이 있다니.'

마음이 어두워졌고 곧 다른 말이 귓가에 들려왔다.

'너도 장애가 있어. 남들이 모른 척 내색을 안 할 뿐이라고.'

'난 장애인이지만 정상인과 다를 바 없어. 그리고 이 회사에서 중요한 일인 원형 제작을 하는 사람이라고.'

다음 날, 사장이 나를 불렀다.

"임 대리, 자네가 ○○ 씨와 친한 것 같아 미리 이야기해주는데, ○○ 씨 일 못할 것 같네."

그 이후 그녀는 회사에서 보이지 않았다.

며칠이 지난 월급날, 그녀가 찾아왔다. 나는 고개를 돌려 시선을 피했고 그녀는 나를 보면서 "대리님이 남동생 주라며 그려준 로봇 그림, 동생이 좋아해요. 우리 집에 한번 같이 갈래요?" 하고 말했다.

그녀를 따라 버스를 타고 몇 정거장을 달려 빛바랜 사진 같은 낡은 기와집에 도착했다. 초등학교 4~5학년 정도의 소년이 "누나" 하며 그녀를 반겼다. 소년은 나를 보더니 "형, 그림 또 그려줘" 하면서 친근하게 다가왔다. 나는 손에 들고 있던 과자세트를 건네주며 어색해했다. 잠시 후 그녀와 나는 집 근처 호프집으로 들어갔다.

"대리님, 내 병이 어떤 병인지 알아요?"

"대충은 아는데."

"난 대리님을 처음 보고 나와 같은 멍을 발견했어요. 그래서 당신이 짓궂게 해도 별로 싫지가 않더라고."

우리는 맥주를 마시고 나서 무덤덤하게 헤어졌다. 회사를 그만둔 동료와 우연히 만나 맥주 한잔한 것처럼.

오래전 일은 꿈인 듯 느껴집니다.

그녀가 행복한 삶을 살고 있으면 좋겠습니다.

꿈꾸었던 시간들….

노숙인 무료 급식

저의 요즘 삶은 생각하기를 늘어진 채 마냥 흐르고 있습니다.
미술에 대한 욕망도 무뎌져가고 있는 듯해 마음이 아프지만
제 탓입니다. 독자분께선 '노숙인 무료 급식'이라고
들어보셨는지요? 제가 성남에서 홈리스 생활을 하고 있을 때
가본 적이 있어서 열한 번째 글로 스케치해보고 싶습니다.

나를 포함한 몇 명이서 인력 사무소 의자에 앉아 텔레비전에
나오는 아침 뉴스를 쳐다보고 있다. 눈으로 보는 사건 사고에는
관심이 없고, 인력 사무소 소장이 내 이름을 부르기만 기다리며
온 신경을 귀에 집중하고 있다.

일거리가 많지 않을 땐 몰골이 허름한 사람이 뒤로 밀려나는
경우가 많다. 그래서인지 나는 일거리를 자주 얻는 편이 아니다.
요 며칠 사이 날은 많이 풀렸다지만 건설 현장에선 아직 인력을
많이 필요로 하지 않는 초봄인지라 공치는 날이 많았다.

아침 여덟 시가 지나면서 인력 사무소 소장은 오늘 일을 마무리하려는지 책상을 정리하기 시작했다. 내 옆자리에 앉아 있던, 인력 사무소에서 알게 된 사람이 "오늘도 공쳤네. 밥 먹으러나 가야지" 하면서 내 옆구리를 툭 치며 "임 씨, 같이 가자고" 하고 말했다.

"전 지금 돈이 없어 안 되겠습니다."

"무슨 돈을 주고 밥을 사 먹나, 나를 따라오게."

"외상으로 식사하는 식당 있나 봐요" 하면서 그 사람을 따라나섰다. 길을 걷던 그는 커다란 성남 끝자락 고가도로 옆 성당이 있는 골목길로 들어섰다. 그 골목길엔 사람들이 모여 있었는데 연령대가 삼십 대부터 육십 대 후반까지 다양해 보였다. 차림새는 다들 남루하고 누추한 가방을 한두 개씩 들고 있으며 안전화를 신은 사람도 심심찮게 보였다. 그리고 몸에서는, 사람들의 몸에서는 알 수 없는 비린내가 풍겼다. '노숙인' 표시인 특유의 냄새일까? 아마 그들도 나를 봤을 때 같은 생각을 하고 같은 냄새를 맡았으리라.

급식소 앞에 모여 있는 사람들이 서로 하는 이야기는 평범하고 일상적인 이야기였다. 모르는 이들이 아는 체를 하며 천연덕스레 담배 한 개비 달라 하면서 어느 인력 사무소가 일거리가 많다거나 어디 지방이 경기가 좋다는 등 귀가 솔깃한 이야기를 해 주었다. 간혹 무료 급식이 교도소서 나오는 밥보다 맛이 없다는 불평을 하는 자도 있어서 피식 웃음이 나오기도 했다.

나를 이곳까지 안내해준 사람은 이미 많이 와본 듯했다. 그는 여기가 점심은 주지 않으며 저녁에는 다섯 시 반까지 와야만 무료 급식을 받을 수 있다고 알려줬다. 덧붙여 그때까지 오더라도 사람이 많으면 밥이 모자라 못 먹을 수도 있으니 미리 와서 대기하는 게 좋다는 말도 해주었다.

조금 후 주변이 웅성거리면서 모두들 줄을 서기 시작했다. 배식 시간이 온 것이다. 우리도 중간쯤에 줄을 서서 기다리는데 뒤를 보니 제법 꼬리가 길다. 성남에서 무료 급식을 먹는 자들이 이렇게나 많다는 사실에 새삼스레 놀랐다. 도대체 이 사람들은 어디에서 온 거란 말인가? 성남 이곳저곳을 돌아다녀봐도 홈리스 같은 사람은 보이질 않는데 말이다.

식사는 아주 빠르게 진행됐다. 패널로 지은 식당으로 식사를 하기 위해 들어오는 사람과 식사를 마치고 나가는 사람의 속도가 거의 비슷했다. 내 차례가 오고 의자에 앉자마자 기다리는 사람을 의식하며 허겁지겁 밥을 먹기 시작했다. 식사를 끝내고 밖으로 나가니 함께 왔던 사람은 먼저 갔는지 보이질 않았다. 홈리스들은 늘 이런 식으로 자신의 볼일이 끝나면 말없이 각자의 길을 가버린다.

담배 한 대 피우고 나니 갈 곳이 없다. 그리고 할 일도 없다. 지금부터 내일 새벽 다섯 시까지의 시간은 피곤한 존재다. 뭘 해야 할까?

'임 씨, 우린 프로잖아. 지하철 타고 막차까지 계속 돌면 되는 거 알면서 왜 그래.'

|

제가 무료 급식을 했던 곳은 성남의 어느 성당에서 운영하는 곳이었습니다.

나이를 먹어갈수록 가위에 눌린 듯 새벽에 자주 깨어난다. 불안한 건가?

짧은 동거

홈리스가 홈리스를 바라볼 때는 어떤 심정일까요? 절친하게 지냈던 한 분에 대한 기억이 있습니다. 제가 사십을 바라보는 나이였을 때 이야기로, 열두 번째 글입니다.

인력 사무소를 찾아오는 초보자들은 보통 거주지가 확실하다. 오히려 경력자들이 홈리스로 지내는 경우가 많아 참으로 이상도 했다. 나도 당연한 듯 피시방에서 쪽잠으로 생활하는 중이었다.

○○ 형을 알게 된 건 인력 사무소에서다. 나는 인력 사무소에 다닌 지 꽤 오래됐지만 ○○ 형은 새벽 인력시장에 나온 지 얼마 되지 않아 현장 일에 서투른 초보자다. 인력시장에선 초보자나 경력자나 다 같은 일당으로 계산하기에 어찌 보면 평등한 곳이라는 생각도 든다. ○○ 형과 나는 같은 현장 일을 세 번 정도 다니면서 친해졌으며 나이는 나보다 열두 살이 많은 형님이었다.

새벽 여섯 시가 넘어가면서 인력 사무소 소장이 분주하게 일 나갈 현장을 사람들에게 지정해주고 있다.

"거기 임 씨와 이 씨, 오늘 상수도 공사하는 현장에 일곱 시까지 가세요."

소장은 약도와 현장 전화번호를 적어줬다. 하루 일이라고 해도 마음 맞는 사람과 일하는 건 즐거움을 주기 때문에 우리는 서로를 쳐다보며 미소를 지었다.

그날 일을 마치고, 저녁을 같이하는데 형이 내가 사는 곳을 궁금해했다.

"임 씨, 집이 어디야?"

"그냥 피시방에서 눈 좀 붙였다가 새벽에 일 나옵니다."

"그래? 내가 원룸에서 혼자 적적하게 지내는데, 자네가 같이 있으면 좋겠다는 생각인데 어떤가?"

"그럴까요? 그럼 방세는 제가 반이라도 부담해서 내도록 하겠습니다."

그 이후 우리는 같이 지내면서 인력 사무소도 같이 다니는 사이가 됐으며 서서히 형님의 사생활도 알 수가 있었다. 직업군인으로 지냈었고 부인과 별거한 지 얼마 안 됐으며 다니던 직장에 적응이 안 돼 임시로 인력 사무소를 다니고 있다는 것까지. 형님 또한 꽤 오랜 세월 홈리스로 살아가는 나에 대해 조금은 이해를 하며 지내게 되었다.

시간은 생각보다 더 빠르다. 어느덧 동거하게 된 지도 5개월이 넘어갔다. 그리고 어느 때부터 형님과 나는 서로에게 의지하려는 게으른 모습으로 변해가면서 서로 단점을 많이 보여 주기 시작했다.

내가 보는 형님의 모습은 온유했으며 성격도 서글서글했다. 그러나 과거의 기억으로 사는 사람인 듯 느껴질 때가 많았으며 술로 과거를 잊으려고 애를 쓰는 것 같았다. 알코올에 의존하면서 삶을 살아가려는 듯 느껴졌다. 갑자기 수원이라는 도시로 떠나고 싶어졌다. 이제 우리의 불안정했던 동거 생활도 막을 내릴 때가 온 것이다.

"형님, 삶이 괴롭더라도 원룸은 꼭 간직하세요. 집이 없으면 그날부터 들개가 됩니다."

일 년 정도 흐른 후 다시 성남으로 왔을 때, 우연히 모란시장 근처에서 형님을 만났다. 몰골이 초라해 보이고 행색이 남루하며 기운이 없는 상태라 마음이 쓰였다.

"오랜만입니다. 어떻게 지내세요?"

"어, 임 씨구나. 난 많이 안 좋아졌네."

"원룸은 잘 간수하고 있는 거죠?"

"아니, 나도 자네와 같은 삶을 살아가고 있네. 생각한 만큼 힘들거나 절망적이진 않구먼. 허허."

"그래요? 흐흐."

마주 보며 서로에게 공허한 웃음을 보낸 우리는 근처 편의점 밖에 놓인 테이블에 앉아 술을 먹고는 쓰러져버렸다. 새벽 추위가 우릴 다시 깨워내겠지.

|

수석과 난을 좋아하고 서예에 능통한 형님이 보고 싶어지는군요.

사람이 그리워지는 11월입니다.

잡지 판매 일을 마친 늦은 밤, 편의점 테이블에서 동료와 간단히 요기한다.

첫 판매

제가 〈빅이슈〉를 알게 된 건 인터넷을 통해서입니다. 홈리스
삶이 너무 곤궁하고 앞이 안 보여서 빅이슈 사무실을
찾아갔습니다. 그동안 잡지를 판매하며 감동적이었던
건 첫 판매를 했을 때인데, 그 기억을 열세 번째 글로
드리겠습니다.

영등포시장에 위치한 빅이슈 사무실에 도착했다. 일 층엔 청
과물 가게가 있고 이 층이 사무실이다. 안으로 들어서니 일반 사
무실과는 다른 분위기의 공기가 느껴지고, 판매원인 듯한 사람들
이 잡지를 포장하는 중이었다. 누구 하나 나에게 말을 거는 사람
이 없다. 사무실도 허름해 보여 약간의 실망과 함께 '밥벌이는 될
까?' 하는 의구심도 들었다. 십여 분이 지나서 직원인 듯한 여성
이 다가와 "어디서 오셨나요?" 하고 말을 걸었다.

"잡지 판매 한번 해보려고 왔습니다."

"미안합니다. 상담하러 오신 줄 몰랐습니다."

곧이어 상담을 했다. 〈빅이슈〉에 대한 설명을 듣고 나서 "이 잡지 한 달 평균으로 따지면 수입이 얼마나 됩니까?" 하며 가장 궁금한 점을 질문했다.

"이곳에 있는 사십여 명(몇 년 전입니다) 빅판분들의 수입이 다 다르지만 평균 팔십만 원 이상은 수입을 올리는 걸로 알고 있습니다."

싹싹하게 잘하지 못한다 해도 평균치는 벌 수 있을 것 같은 생각에 안심이 됐다.

종각역과 서울대입구역 빅이슈 판매원에게 잡지 판매 요령을 배우는 이틀 동안의 수습 기간엔 단순한 호기심과 기대감으로 판매지에 갔다. 첫날은 네 권, 둘째 날은 열네 권을 판매했다.

'오호, 팔리긴 팔리는구나.'

수습이 끝난 다음 날부터는 홀로 판매해야 했다. 스스로는 소극적인 성격이 아니라고 생각해도 홀로 판매해야 하는 일이 부담으로 다가오고 창피하기도 했다. 빅이슈 판매원 조끼를 입고 정해진 판매지로 전철을 타고 가면서도 미묘한 감정이 나를 지배하고 얼굴은 달아오르기까지 했다. 지금 나의 솔직한 마음은 올겨울 담뱃값이나 벌면서 슬슬 버텨보자는 것일 수도 있다. 봄이 오면 '빅이슈'란 단어는 굿바이로 예약하기를….

판매지에 도착하고 시간이 흘러 퇴근 시간이 넘어가자 거리에는 많은 사람들이 오갔다. 수습 기간 동안 배웠던 멘트인 "홈리스 자립 잡지 빅이슈가 왔습니다"란 말은 가슴으로만 외치고 있고 시선도 어느 곳에 둬야 할지 모르겠다. 지하철역 전등 불빛만 바라보면서 우두커니 서 있으니 육체와 정신이 틀어지고 〈빅이슈〉가 홍보용 판촉물인 듯 착각마저 들었다. '여기서 무얼 하는 걸까? 나는 왜 여기에 서 있지?' 마네킹이 따로 없다. 살아 있는 마네킹이다.

판매한 지 한 시간이 지난 후 "한 권 주세요" 하며 모나리자의 미소보다 더 아름다운 미소를 짓는 한 분의 독자가 바닥에만 눈길을 준 채 엉거주춤 서 있는 내게 다가와 말했다. 잡지를 건네주는 순간 무언가 울컥하며 가슴으로 올라왔다. 이 잡지를 구매하는 이유가 동정이든 필요이든 상관없이, 그냥 주체할 수 없이 복받쳐오는 감정이었다. 첫 판매 후 용기가 생겨 말문이 열린다.

"홈리스 자립 잡지 〈빅이슈〉가 왔습니다!"

인정하자. 나는 멘트대로 홈리스다. 그리고 잡지를 판매하는 판매원이며 내가 원하는 자립을 위해 일하는 중이다. 또한 "홈리스 자립 잡지 〈빅이슈〉"라는 말은 마음속으로는 화가이며 조각가이자 수필가의 길을 가려고 한다고 말하는 것이기도 하다.

|

솔직히 지금은 첫 판매의 감동은 느껴지지 않습니다. 하하. 그러나

독자분들께 감사한 마음은 변함이 없습니다. 예전에는 빅이슈 직원분들이 급료 걱정까지 하며 근무했다던데 직원들께 미안한 마음도 있습니다. 개인적으로 빅이슈 직원들의 복리후생도 많이 나아졌으면 좋겠습니다.

지는 해를 보며 떠오르는 해를 기대한다.

조소과

하루는 신문에서 한국 사람들의 대학 진학률이 70퍼센트가 넘어서 정상적이지 않다는 글을 읽은 적이 있습니다. 저는 굳이 학력을 말하자면 빈약합니다.

2016년에는 최순실 씨 딸 정유라 씨의 "부모 잘 만난 것도 능력이야" 하는 말이 많은 사람들의 안줏거리로 등장하곤 했습니다. 수능도 끝났고 해서 젊은 날 있었던 일을 열네 번째 글로 드리고 싶습니다.

"임 군, 오후 두 시까지 보내야 할 물건 목록이네. 재고 확인해 보고 만들게."

아침밥을 먹으면서 내가 일하는 곳의 사장님은 나에게 쪽지를 건네줬다.

지금 내 나이는 아주 젊다. 아니 젊다 못해 어리다고 해야 맞는 말이다. 이제 고작 이십여 년도 못 살았으니까. 내가 학교를 다니지 않고 이곳에서 일하는 것은 어찌 보면 아주 당연한 일이기도 하다. 생각해보라. 보육원에서 중학교 졸업하고 밀려나듯 사회로 나온 아이가 선택할 수 있는 것은 많지 않다. 경기도까지 와서 숙식 제공받고 일도 할 수 있으니 다행이라면 다행이었다.

한편으로는 나의 미술적 재능을 키우며 조각가로 살 수 있는 삶을 꿈꿀 수 있어 여기의 생활에 그렇게 큰 불만은 없다. 이곳에서는 주로 이태리 B급 조각품 같은 조형물들을 만들어 일본으로 수출하거나 국내 백화점에 납품하는 일을 한다.

처음 이곳에 온 목적은 창조적인 일을 하고 싶어서였지만 내가 하는 일은 성형 틀에 재료를 주입해서 조형물을 생산해내는 단순한 일이라 지쳐가고 있었다.

'도대체 얼마나 시간이 더 흘러야 조각도를 잡고 점토를 주물럭거리며 제작에 참여할 수 있을까?'

그냥 노동자로 늙어갈 수도 있다는 생각이 나를 슬프게 하며 한국에서는 그럴 가능성이 더욱 높기도 해서 마음이 아프다. 미술에 대한 배움이 몸에 스미는 삶을 꿈꾸지만 시간이 흐를수록 돌가루 먼지와 유리가루 속에서 폴리에틸렌 냄새만 몸에 배어들어가고 있었다.

어느 날, 사장은 직원 모두에게 자신의 집에서 저녁을 같이하자고 말했다. 몇 명 안 되는 직원들이 사장 집에 모였다. 식탁에 둘러앉은 저녁 겸 술자리가 무르익을 즈음 사장은 "오늘 집에서 저녁을 같이하자 한 이유는 내 딸이 대학교에 합격해서입니다"
하고 말했다. 그러자 같이 식사하던 동료가 "그럼 사장님, 2차로
는 단란주점 가야 하는 거 아닌가요?" 하는 말로 진심을 담아 농
담을 하기도 했다.

나는 슬그머니 "전공이 무엇인데요?" 하고 물었다.

"조소과에 입학했네."

"내가 볼 때 ○○이는 미술하고는 가까워 보이질 않던데요."

"임 군, 내 딸이 꼭 미술에 재능이 있어서 간 건 아니고 나중에
결혼할 때를 생각해서도 있네."

나는 말없이 알코올만 들이켰다. 한 잔, 두 잔, 또 한 잔… 취
기에 시간은 흐르고 어느 순간 주위의 떠드는 소리도 들리지 않
고 혼자만 존재하는 듯했다. 갑자기 눈물이 흘렀다. 처음엔 조용
한 눈물이었는데 곧 모두가 알아버리게 울고 있었다. 창피한 일
이지만 그쳐지지 않았다.

"임 군아, 갑자기 왜 우니? 얘가 취해서 센티멘탈해지나 보네."

사모님 목소리가 꿈에선 듯 들려오고 있었다.

|

꿈은 이루어집니다.

학력에 대한 콤플렉스는 나에게 견고하게 잠긴 철문이 되었다.

화이트 크리스마스

시간은 신호등이 깜빡거리는 것처럼 느린 듯 바삐
흘러가버려 어느덧 12월입니다. 고흐에 대한 다큐멘터리를
봤는데 그를 후원하는 가족(동생)과 그림을 그릴 수 있는
여건이 부럽기도 했습니다. 그리고 고흐가 동생 테오에게
보낸 많은 편지에서 철학적인 새로운 면도 읽게 되어 고흐를
조금 더 알게 됐습니다.
저는 '창작이란 무엇인가?' 하는 생각을 간혹 합니다.
절망적인 고독 속에서의 창작력은 좋은 스토리가 있는
작품을 만들어낸다고 믿고 싶습니다. 한편으론 나이가
들어갈수록 창작력이 약해진다는 생각도 들어 마음이
조급하기도 합니다.
어느 12월의 이야기를 열다섯 번째 글로 드리겠습니다.

새벽 여섯 시에 울리는 종소리에 맞춰 억지로 일어나 잠도 덜 깬 아이들이 내복 차림으로 운동장에 모여 국민체조를 한다. 그 모습을 생각하면 지금도 의아하며 쓴웃음이 나온다. 어른들은 왜 아이들을 새벽부터 추위에 떨게 하며 매일 체조를 시켰을까? 참으로 이상한 왕국에서 어린 시절을 보내기도 했구나.

원가를 부르며 지내는 이곳은 외롭고 움츠러든 아이들이 어우러져 모여 살아가는 곳이며 일상적인 삶과는 동떨어진 곳이다. 이곳에 있는 아이들에게 즐거운 날은 극히 찾아보기 힘들지만 굳이 찾는다면 12월 24일 크리스마스이브였다. 그날은 보육원에서 보내는 시간이 자유롭고, 나이 든 형들도 규율에 관대해지기 때문이다.

12월 24일은 올해도 분명하게 찾아왔다. 오후를 지나 어두워지면서는 하늘에서 함박눈까지 내려 크리스마스 전날을 축복해주었다. 아이들은 위문 온 청년들과 함께 건물 이 층 강당에 모여 둘러앉아 장기 자랑과 게임을 하고 과자를 먹으며 시간을 보냈다. 청년들이 떠나고 나서도 우리끼리 어울려 즐겁게 놀았다. 쌀밥과 고깃국이 있는 저녁 식사가 크리스마스 전날임을 알려줘서 위를 행복하게도 만들었다.

식사 후엔 크리스마스 선물이라며 국가에서 나눠 주는 대통령 하사품을 각자 하나씩 품에 안고 뜻 모를 크리스마스 다섯 글자만 생각하며 눈 내리는 밤 잠 속으로 들어갔다.

얼마나 지났는지 소변이 마려워 잠에서 깨어났는데 꿈인 듯 들려오는 소리, 웅성대는 소리가 점차 커지며 노랫소리로 변해가면서 점점 선명한 합창 소리가 들려왔다.

"고요한 밤 거룩한 밤 어둠에 묻힌 밤 주의 부모 앉아서…"

악몽을 꾸나 싶어 약간 겁을 먹고는 어리둥절해하다 다시 정신을 차리고 귀를 기울여보니 분명 현실에서 들려오는 크리스마스 캐롤 합창이었다.

창문에 다가가 밖을 바라보니 같이 생활하는 누나들이 하얀 옷을 입고서 촛불을 밝힌 채 우리들 자는 방을 향해 창밖서 크리스마스 캐롤을 합창하고 있었다. 실제 존재하는 천사들을 보는 듯 신비롭고 몽롱한 크리스마스 새벽, 귀하고 행복한 선물을 받았다.

친구들이나 누나들, 동생들 모두가 아옹다옹하며 흘러간 보육원에서의 어린 시절. 꿈 같은 이야기지만 과거의 하나인 조각. 지금은 어머니나 아버지로 살아갈 그들이 현재 어떤 삶을 만들어가고 있는지 듣고 싶다.

눈 쌓인 하얀 크리스마스 새벽에 바스락거리는 발자국 소리와 합창 소리보다 더 감동적인 음악을 어디서 들을 수 있을까. 영화 같은 한 장면을 다시 볼 수 있을까?

같이 어울렸던 동무들이 지금도 보고 싶습니다. 그러나 젊은 날 한두 번 보육원 찾아가고 나서는 안 가고 있습니다.

화이트 크리스마스 새벽에 들려온 합창 소리에 놀라 창밖을 쳐다보았다.

기적 같은 하루

2016년은 제 나이 50세가 되는 해였습니다. 저는 신년이
됐다고 해서 계획을 세우지는 않고, 계절에 따라 따스하다,
덥다, 스산하다, 춥다, 이렇게 시간을 건조하게 느끼면서
살고 있습니다.
제가 판매지를 옮겨 홍대에서 〈빅이슈〉를 판매한 지도
7개월을 넘기던 때, 공동 전시를 해본 게 기억에 남습니다.
하지만 준비 않고 급하게 했던 것이라 창피하기도 하고 보는
분들께 미안하기도 했습니다. 저의 능력 안에서라면 성의를
보여야만 진정성이 있을 터인데 전시할 만한 값어치는 없는
낙서 수준의 작업이었다고 스스로는 생각하고 있습니다.
열여섯 번째 글입니다.

오늘은 토요일이라 자율 판매를 하는 날이기도 하고 가톨릭
청년회관 '다리'에서 하는 이 주 동안의 공동 전시 기간의 마지막

날이기도 하다. 그러나 아침부터 콧물감기 기운으로 몸이 무겁
고 만사가 귀찮았다. 계속 드러누워 자다 깨다를 반복하다 보니
시간은 오후 두 시를 넘기고 있었다. 감기약 한 봉지를 입에 털어
넣고 이불 속으로 쓰러져 꿈과 현실을 넘나들었다.

다시 현실로 돌아와 시간을 보니 오후 다섯 시를 넘기고 있었
다. '잡지 판매는 하러 가야지' 생각하며 홍대입구역 판매지에 도
착해 잡지를 펼쳐놓았다. 토요일이지만 판매량은 생각만큼 좋지
않아 밤 여덟 시가 다가오도록 세 권을 판매했다. 멍청해진 정신
으로 괜히 나온 듯해서 오가는 사람들을 가라앉은 눈으로 쳐다보
고 있을 때 청년 두 명이 다가와 말을 걸었다.

"선생님, 판매는 잘되세요?"

"오늘 감기 몸살로 늦게 나와 저조합니다. 제가 장사를 열정적
으로 못하는 스타일이라 안된다는 생각이 들기도 하고요."

그러자 청년 둘은 자신들이 판매 도우미로 도움을 주겠다면
서 몇 시까지 판매할 거냐고 물었다.

"오늘은 토요일이라 지하철 시간에 맞추어 밤 열 시까지 할
겁니다."

청년 둘은 그 시간까지 돕겠다고 말했다. 그때부터 판매지는
와자지껄 활기 있게 변하면서 두 권의 잡지가 더 팔려나갔다.

아홉 시가 가까워질 무렵, 한 사람이 가던 길을 되돌아 잡지를
사러 왔다. 습관처럼 한 권을 주려고 하는데 스물여덟 권을 달라

고 하는 말이 들렸다. 옆에 있던 청년들은 놀라며 "뭐라고요?"하고 물었다.

"제가 오늘 스물여덟 번째 맞이하는 생일인데요. 친구들이 마련한 생일 축하 모임에 가는데 친구들에게 선물로 주고 싶어서 사려고 합니다."

나는 내 귀를 의심하며 속으로 '맙소사, 스물여덟 권을 한 번에 팔게 되다니' 하며 급하게 가방 속에 있는 잡지까지 다 헤아려 보았다. 딱 스물아홉 권의 여유분이 있었다.

몸이 아픈 상태에서 스물여덟 권을 한 번에 팔게 된 기적 같은 날은 빅판 생활 몇 년이 지나도록 처음 있는 일인지라 동료 빅판에게 전화로 자랑도 했다.

잡지를 다 팔고 지하철을 타고 집으로 오면서도 믿을 수 없는 일이라 생각하면서도 기적 같은 일은 내 주위에, 그리고 나에게도 언제든 일어날 수 있는 일이란 생각도 들었다. 아니, 기적은 항상 일어나고 있는 일인지도 모른다. 오늘과 또 내일의 살아가는 이야기가 기적일 수도 있으니. 또 나에겐 누군가에게 기적 같은 하루를 주는 사람이 되고 싶은 간절함도 있다.

|

2015년 12월 12일 밤 아홉 시쯤 일어난 일입니다.

잡지 파는 날 보며 웃는 관광객들.

저는 하루살이일 뿐입니다

천안에서 홈리스로 지내며 가끔 인력 사무소 일로 생계를 잇던 시절, 영하 17도를 넘나들던 1월 중순 때 일이 생각납니다. 당시만 해도 저는 스스로를 홈리스라고 생각하지는 않았고 단지 더 가난한 사람이라고만 여기고 있었습니다. 열일곱 번째 글은 그때의 이야기입니다.

날이 추워서인지 많은 이들이 일거리를 얻지 못했다. 인력 사무소 앞에서 담배를 피우며 초조하게 기다리던 사람들은 내일 보자며 제 갈 길을 바삐 걸어갔다. 모든 상황이 날씨처럼 <u>으스스</u>했다. 사무소는 문을 닫았고 주머니를 뒤져 남아 있던 돈으로 컵라면과 소주 한 병을 사 아침 요기하고 나니 말 그대로 빈털터리 신세가 되었다.

'아침 여덟 시밖에 안 됐는데 내일 새벽까지 어디서 시간을 버려야 하지? 갈 길을 정해서 가긴 해야 할 텐데.'

주소지 하나 들고 시골에서 상경해 서울역 앞에 서 있는 멍한 사람처럼 방향감각을 잃어버렸지만 돈이 없으면 한 군데 가는 곳이 있었다. 모든 역은 나를 위해 만든 곳이라 여기며 거리낌 없이 천안역 개찰구를 뛰어넘었다. 서울로 가는 상행선을 타고 경로석 한 자리를 차지하고 앉아 점퍼에 달린 후드를 뒤집어쓰고 검은 작업복 배낭은 바닥에 놓아버린 채 잠을 청했다.

천안에서 서울까지 전철을 타고 왕복하는 것은 긴 시간을 때우기엔 안성맞춤이다. 깊은 잠을 이룰 수도 있고 누구의 간섭도 받지 않아 좋기도 했다. 오늘 밤 막차까지는 전철 안에서만 바쁜 척 지낼 것이다.

밤은 깊어져 열한 시가 넘어서 막차를 타고 다시 천안으로 왔다. 이제는 천안에서 새벽까지 지낼 곳을 찾아야 했다. 며칠 전 눈여겨봤던 인력 사무소 옆 건물로 무작정 올라갔다. 그곳엔 교회가 있었다. 주위를 두리번거리며 쉴 곳을 찾다가 교회 철제문 옆에 놓인 침대 같은 소파를 보았다. 이곳은 이제부터 새벽까지 지낼 하룻밤 동안의 보금자리다.

의자에 드러누웠지만 추위에 잠은 이루지 못하고 몸을 뒤척이고만 있을 때, 어둠 속에서 철제문이 열리더니 교회 관리인인 듯한 사람이 다가왔다.

"여기서 자면 안 됩니다. 사우나서 주무세요."

그는 돈 만 원을 건네줬다.

"난 걸인이 아니오. 내일 요 앞 인력 사무소 나가기 전까지만 잠시 쉬는 거요."

그러나 현실은 걸인 같은 몰골이었고 돈 만 원은 지금 나에겐 생명과도 같다. 사우나 가서 자는 것보다 배고픔과 추위를 면하는 게 우선이었다. 근처 편의점에서 컵라면, 삶은 계란, 소주 한 병, 담배를 사고 다른 곳은 갈 곳이 없어 다시 그 건물로 올라갔다.

양심이 허락하지 않아 소파에는 드러누울 수가 없었다. 돌계단에 작업복 배낭을 베개 삼아 누워 있는데 눈물이 흘러내렸다.

'하느님, 저는 하루살이일 뿐입니다. 지금 당신에게 간곡히 원하는 건 내일 아침에 일 나가게끔만 해달라는 겁니다.'

긴 겨울밤도 결국은 지나갔고 새벽 다섯 시가 되어 인력 사무소 앞에서 문 열기를 기다렸다. 다행히 일거리가 많아 일을 나갈 수가 있었다. 하느님이 내 기도를 들어줬을까? 답은 모른다. 알고 싶지도 않다. 단지 오늘 저녁엔 사우나서 따스하게 지낼 수 있겠다는 안도감으로 일을 할 뿐이다. 내일이란 단어는 나에겐 무의미하며 중요한 건 오늘 하루다. 언제까지 이런 흐름일지는 모르지만 현재의 삶은 매 순간 숨만 붙어 있으면 만족할 뿐이다.

제가 막노동으로 지방 이곳저곳 다녀봤는데 인력 사무소 전전하는 홈리스들 꽤 많이 있더군요. 따스한 겨울 나시길 바랍니다.

인생은 공평하지 않다. 그래도 살아봄 직하다.
리본이 매여 있지 않은 인생이라도 당신에게 주어진 선물이다.
— 레지나 브렛 (미국의 칼럼니스트)

우울한 설

설 연휴를 어떻게 보내시는지요? 어느 설날에 친구 집 갔던 일이 생각나기에 열여덟 번째 글로 드리겠습니다.

설날 새벽에 전화가 울린다. 닷새 전 친구 집에서 설날을 맞이하기로 약속했기에 확인차 온 전화였다. 신경 써주는 친구가 고맙기도 하고 부럽기도 하다. 그가 가정이란 울타리 안에서 한편으로는 가족이란 짐을 지고 간혹 힘겨워하는 게 측은할 때도 있지만 그 울타리에 대한 부러움이 더 큰 것이 사실이다.

나는 친구나 편한 사람이 주위에 많지 않다. 사회에서 만나는 이들은 주고받는 거래가 끝나면 대부분 금방 잊히는 존재가 되기에 지속적으로 사귀지 못하고 있다. 또 다른 이유는 나의 어린 시절과 젊은 날, 그리고 현재의 빅판 생활까지 잘 아는 사람이 대화하기 편해서일 수도 있다.

이 친구는 고향 친구이면서 내 삶을 아주 잘 아는 친구이다.

이 친구와는 아주 먼 타인이 될 것처럼 많이 다투면서도 여태껏 연락을 주고받으며 지내고 있다. 그것이 신기하기도 하고 흐뭇하기도 하다.

그의 집은 수원이다. 전에 성남에서 노숙 생활할 때 한 번 찾아가본 적은 있지만 이번엔 전철을 이용해야 편할 것 같아 가는 경로를 들어봐야 했다.

"너희 집까지 전철로 가려면 어떻게 가야 해?"

"전철로 수원 도착하면 수원역서 택시 타고 구 종점 가자고 하면 된다. 기본요금 정도 나와."

"알았네."

수원역에서 택시를 타고 구 종점이라는 곳에 도착하니 얼굴이 많이 수척해진 친구가 마중을 나와 있었다. 지은 지 꽤 오래돼 보이는, 열다섯 평 정도의 다가구 주택인 친구 집에 들어서니 안에는 아무도 없었다.

"제수씨랑 딸은 어디 갔나 봐?"

"장모님이 편찮으셔서 다 같이 병원에 갔어."

늦은 아침 겸 점심을 먹으면서 이야기 나누던 중 친구는 체력 문제로 자신이 하는 일을 이제 그만할 때가 온 듯하다는 말을 했다. 그러면서 어두운 표정으로 "어떤 일을 해야 하나" 하고는 양손을 만지작거리며 불안한 모습을 보여 주었다. 나는 "야, 우리 오십밖에 안 됐어. 이제부터 시작 아닌가?"라고 했지만 진심으로 하는 말은 아니었다.

없는 이들이 어떤 새로운 인생을 설계하고 만들어갈 수 있으며 앞으로의 인생에서 무엇이 좋게 달라질 수 있을까? 지나온 삶을 생각해보면 나는 친구에게 할 말이 없는 사람이기도 하다. 그는 젊은 시절부터 가족을 위해 살아가기라도 했지만 난 젊은 날 미술가의 꿈도 던져놓은 채 노숙인으로 긴 세월을 아깝게 허비했고, 지금은 보이지 않는 미래를 바라보며 서툴게 서두르고 있기 때문이다.

한참을 식사하던 중에 친구는 갑자기 방에서 바늘을 갖고 와서 체한 듯 엄지손가락을 찌르고 피를 뺀다. 그러고는 "여기까지 왔는데 미안하다. 혼자 천천히 많이 식사해라" 하는 말과 함께 슬그머니 안방으로 들어가 드러누웠다.

오래간만에 친구를 만나 반가웠지만 우울한 설을 맞이하게 돼 서글프다. 우리들이 이십 대일 때는 삼십 년 후의 설날이 생존의 삶을 이야기하는 날이 되리라 생각이나 했을까? 전철을 타고 집으로 오면서 하루하루만 보는 삶에 가슴이 아렸다.

|

저에게 '녹슨 기찻길'이라 말하면서 식어가는 재능을 아쉬워하던 또 다른 친구의 설날은 어떻게 흐르는지도 궁금합니다.

'혼밥'은 자유롭지만 큰 낭만은 없다.

사람이 사람을

전에 잡지 구입하려고 빅이슈 사무실에 들렀는데 다리 철심
제거 수술을 한 빅판이 목발을 짚고 다니더군요. 저도 건설
현장에서 일하다 사고로 다쳐 다리에 철심을 박았습니다.
목발을 짚고 다닐 때의 일이 떠올라 열아홉 번째 글을
드리겠습니다.

왼쪽 다리뼈가 부러지고 나서 병원 생활을 꽤 했지만 아직도
다리는 낫지 않았다. 공상公傷 처리로 받은 돈이 든 통장 잔고를
보니 치료비, 생활비 등으로 쓰고 백만 원 정도가 남아 있었다. 병
원에 더 입원해 있어야겠지만 돈을 조금이라도 아끼려면 퇴원해
야 좋을 듯했다. 갈 곳 없이 떠돌아다니는 중이니 일단은 잠자리
부터 마련해야 했다.

병원 근처 여관방 하나를 잡고 선불로 월세 삼십만 원을 주고
나니 칠십여만 원이 남았다. 일 다닐 수 있을 만큼 다리가 나을

날이 언제일지 몰라 불안한 시간을 보냈다. 그렇게 한 달이 지나도록 몸이 좋아진다는 느낌은 없었고, 이제 가진 건 이십만 원 정도가 전부라 여관도 떠나야 할 때가 되었다.

당연히 내가 가야 할 곳은 인력 사무소였다. 말도 안 되는 이야기지만 찾아보고 알아봐야 내가 살 수 있었다. 벼룩시장 신문 구인란을 뒤져 숙소를 제공하는 인력 사무소를 찾아 전화를 했다.

"인력 사무실이죠? 잡부 구한다 해서 전화했습니다. 숙소도 제공된다면서요?"

상대방은 "백 프로 일 나갑니다. 한번 와보세요" 하는 대답과 함께 위치를 알려줬다.

사무소를 찾아 도착했고, 목발은 사무실 문밖에 두고 들어갔다. 인력 사무소 소장이라는 사람은 커피를 타주며 "노동 일 해보셨나요?" 하고는 말하다 말고 내 다리를 유심히 쳐다봤다. 그러곤 "가만 보니 다리가 불편한 것 같네요. 그 몸으로 노동 일 할 수 있겠습니까?" 하고 또 한 번 말했다.

나는 절박한 심정으로 왔다고 사실대로 이야기하고 작업 현장 청소나 정리 정도는 할 수 있다고 말했다. 그 일도 몸이 말을 안 들으면 떠나겠다는 이야기도 덧붙였다. 내 이야기를 듣고 곰곰이 생각하던 소장은 "그럼 이곳 숙소에 지내면서 계시다가 할 만한 일 나오면 보내드릴 테니 있어보세요. 대신 기대는 하지 마세요" 하고 말했다.

이 층에 있는 숙소는 일꾼들이 여럿 자게끔 각 방을 터 한 방으로 크게 개조해서 사용 중이었다. 저녁이 되자 돌아온 노동자들은 목발을 짚고 엉거주춤 힘겹게 다니는 나를 보고 놀란 표정이었지만 선의로 날 대하며 편의를 봐줬다.

숙소에서 지낸 지 사흘이 지나고 나서 소장은 일을 보내주며 일당은 사무소에서 자신이 줄 거라고 말했다. 해야 할 일은 실내 인테리어 공사 현장에서 나오는 자잘한 쓰레기를 청소하며 정리하는 아주 쉬운 일이었다. 사흘에 한 번꼴로 그 현장에서 일하게 되어 나에겐 행운이었다.

나중에 알고 보니 실내 인테리어 사장과 인력 사무소 소장은 서로가 친구 사이였고, 굳이 사람이 필요치 않았는데도 와서 일하게끔 도움을 주었다는 말을 들었다. 사람이 사람을 절망적으로 만들기도 하지만 살리기도 한다.

|

삼십 대 중반 때 도움을 주신 인력 사무소 소장님, 인테리어 사장님, 또 숙소에 있던 동료분들과 잡지 구매하시는 독자분들께 큰 감사를 드립니다.

인력 사무소에 나가는 사람들은 다음 날에도 같은 현장에서 불러주는 것에
큰 자부심을 갖고 있다. 내일은⋯.

가족 1

봄이라서 그런지 바람이 많이 불기도 합니다. 봄바람이지만
아직 날카로운 기운은 몸으로 차갑게 파고들어 훈훈한 느낌
없이 봄 같지 않은 봄처럼 느껴집니다. 잊혀가는 저의 가족들
이야기를 적고 싶습니다. 스무 번째 글입니다.

서울과 경기도의 경계에 있는 자그마한 공장에서 임 주임으
로 불리며 이십 대를 살아가고 있다. 하는 일은 조형물 원형 개발
과 틀 제작 일이며 또래에게는 공장 다니는 노동자란 뜻의 '공돌
이'로 불리기도 한다. 그러나 꿈은 있기에 작업복이자 외출복인
회사 마크가 붙어 있는 옷을 사랑한다.

현재의 내 삶은 단순하며 싱겁기까지 하다. 회사서 멀지 않은
다가구 주택 지하 단칸방에 월세를 얻어놓고 매일 집과 공장을
다니는 일상을 반복하며 지내기 때문이다. 야근과 철야, 그리고
주말에도 특근하기가 일쑤라 여가 시간은 많지 않아도 동료들과

나누는 잡다한 이야기와 간혹 생기는 회식을 좋아한다. 휴일에는 점토 소조를 연습하며 청춘을 보내고 있다. 그렇게 지내던 어느 날이었다.

"임 주임님, 전화 받으세요. 국립중앙의료원이랍니다."

경리가 찾아와서 말을 전했다. 병원에서? 관계없는 곳에서 찾는다는 생각에 전화기를 들었다.

"임○○ 씨와 가족 관계이신가요?"

"저의 형입니다."

"그럼 병원으로 오셔야겠습니다. 보호자가 필요합니다."

보호자란 단어가 불길하게 들려왔지만 신경 쓰이진 않았다.

"뭔 일인데요?"

"임○○ 씨가 여관에서 수면제 다량 복용으로 의식 없이 이곳에 실려 와서 응급처치 끝마치고 안정 중입니다."

우리 형제는 좋은 관계로 지내지는 못하는 중이었다. 급히 택시를 타긴 했지만 걱정보다 화가 난 상태인 이유는 그 때문이었을 것이다. 형의 성격은 내성적이면서 착하고 순진하다는 소릴 많이 들었다. 나쁘게 말하면 어리석다는 뜻도 되기에 나는 형의 성격이 싫었다.

병원에 도착해 응급실로 가니 오랜만에 보는 형은 위세척을 끝내고 침대에 누워 자고 있는 모습이었다. 경찰관에게 보호자 확인을 끝마치고 늦은 밤 형과 함께 집으로 돌아가는 거리에는 이름 모를 가로수의 꽃향기가 퍼져 있어 피곤한 몸에 졸음이 쏟아지게 하고 있었다. 오늘의 삶도 이제 과거로 흘러갔다.

다음 날, 야근으로 늦게 마치고 휴식처인 지하 단칸방에 들어서니 형은 벽을 보고 누워 있었다. 자는 건 아닌 듯했다. 갑자기 형에 대해, 부모에 대해, 그리고 가족에 대해 알 수 없는 분노가 치밀어 올랐다.

"왜, 왜 그러냐고. 살아가는 것이 나보다 힘들어? 우리도 제발 남들처럼 평범해보자고. 서로가 불쌍하지도 않아?"

형은 몸을 뒤로 돌려 나를 보면서 뜻 모를 웃음을 지었다. 우리는 침묵하였다.

며칠 후 형은 일을 하겠다며 경기도 북부로 떠나갔다. 그 이후로는 어떤 삶을 사는지 모른다. 나는 가족이란 단어를 모르고 지냈고 우리 가족에 대해서도 잘 알지 못한다.

|

좀 오래전에 한 여성분께서 잡지를 구입하며 "저 기억하세요?"

하고 묻더군요. 순간 당황해 잘 기억 안 난다고 말했습니다. 후에

생각해보니 저에게 몇 번을 샀던 분이었습니다. 미안한 마음이

들었습니다. "기억이 납니다"라고 이야기했어야 할 걸 하고….

보육원 시절, '낙화수'란 곳에 대나무 빗자루를 만들러 가서 미래를 생각하던 어느 날.

고양이와 동거 중

하루는 출판 관계자분들이 찾아와서 제가 잡지 뒷면에
끼워 넣고 있는 수필을 책으로 낼 수 있는지를 물었습니다.
그러다 영국에서 책을 낸 두 명의 홈리스 이야기를 하게
됐고 각각 개와 고양이를 소재로 글을 썼다는 말까지 나누게
되었습니다. 저 또한 고양이와 살아가고 있어 스물한 번째로
이 글을 드리겠습니다.

고양이와 살아가는 사람들은 안다. 고양이는 키우는 게 아니
라 더불어 살아가기만 할 뿐이라는 것을. 나는 삼 년이 지나도록
동거하는 고양이의 이름을 지어주지 않았다. 편의상 '냥이'라고
말하지만 이름을 불러본 적은 거의 없다. 부를 일도 없거니와 부
른다고 해서 순종하며 오지도 않기에 이름에 대한 필요성을 느끼
지 못했다.

늦은 밤 잡지 판매를 마치고 환승역인 합정역에서 6호선을 타

려고 지하도를 걷고 있을 때, 고양이 울음소리가 들리고 그 앞에는 많은 사람들이 모여 있었다. 호기심 어린 발걸음으로 다가가 보니 예순은 넘어 보이는 여자가 강아지와 고양이들을 바구니에 담은 채로 앉아 있었다.

이곳저곳에서 "귀여워라" 하며 사진을 찍거나 만져보면서 어쩔 줄 몰라 하고들 있었다. 바구니 속의 강아지와 고양이들은 피곤한 듯 지쳐 보였고 나는 지나가는 말투로 무심히 가격을 물어 봤다. 부스스한 차림새의 나이 든 여자는 초점 없는 눈으로 쳐다 보더니 "강아지는 칠천 원, 고양이는 만 원"이라고 대답했다. 딱히 키우고 싶어 가격을 알아본 것은 아니었지만 고양이 가격이 너무 싼 듯해 조금 충격을 받았다.

'한 생명체 가격이 고작 만 원이라니.' 나는 왠지 조금 진지해 져서 고양이들을 살펴보게 되었고 세 마리의 어린 고양이들 중 한 마리가 눈에 띄었다. 나를 선택하라는 듯 바구니 밖으로 나가려고 활기차게 움직거리는 두 마리에 비해 그 한 마리는 바구니 구석에 쭈그린 채로 사람들을 보면서 경계하고 있었다. 나는 갑자기 보육원으로 보내지던 어린 시절이 떠오르면서 구석에 있는 고양이를 데리고 있어야만 할 것 같은 생각에 충동적으로 구입해 버렸다.

고양이는 조그마한 쇼핑백에 담겨 나에게 넘겨졌고 쇼핑백 속의 고양이는 집으로 오는 내내 불안에 떨며 울면서도 간혹 위

협적으로 날 대했다.

집으로 돌아와 쇼핑백에서 꺼내주자 고양이는 참치 통조림에
도 아랑곳없이 후다닥 어둠 속으로 사라졌다. 종이박스로 고양이
집을 대충 만들고 그 안에 헌 옷을 집어넣었다. 우리의 첫날은 늘
나 혼자인 듯 똑같이 흘러갔다.

아침이 되어 먹이로 준 참치 통조림을 살펴보니 조금 건드린
흔적만 있었고 고양이는 어디로 숨었는지 보이질 않았다. 고양
이 먹이를 사기 위해 '다이소'로 가서 어린 고양이용 사료를 샀다.
집에 와 고양이 밥그릇에 사료를 담아놓고 책을 보고 있을 때, 벽
너머에서 부스럭거리며 오드득, 오드득 하고 먹는 소리가 들려왔다.
그 소리는 지난 오십 년 동안 느껴본 적 없는, 내가 번 돈으로 남
에게 무언가 먹이고 있다는 몽롱하고 뿌듯한 감정을 솟아나게 했
다. 그것만으로도 고양이에게 고마운 마음을 가지기엔 충분했다.

나는 고양이를 키우는 사람이 아니다. 고양이와 동거하며 지
내는 사람이다. 오늘도 냥이가 오드득거리는 소릴 듣고 싶은 마
음에 집으로 가는 발걸음이 무겁거나 외롭지만은 않은, 냥이와
함께 살아가는 사람이다.

|

고양이 이름을 지어주지는 않았습니다. 부를 일도 없고 그저 동거하는
존재로 보기에….

"우린 이제 어디로 떠나지? 길을 정해야 하네, 냐옹 씨!"

아버지의 집

신문이나 방송을 보면 가정(연인) 폭력과 아동 학대로 많은
사건들이 일어나고 또 묻히고 있는데 그런 소식을 접할
때마다 한숨이 나오고 있습니다. 저도 어린 시절 가정
폭력으로 고통스러웠던 날이 있어서 스물두 번째 글을
써보겠습니다.

과거의 이야기는 행복보다 불행의 일들이 더 살아 움직인다.
그것들이 내 인격을 불안정하게 만든 것 같아 불편할 때도 있다.

이곳은 양철과 판자로 엮고 석면슬레이트로 지붕을 얹은 허
름한 집이다. 내가 태어난 곳이자 아버지, 어머니, 형, 여동생, 나
까지 다섯 식구가 모여 살아가고 있는 곳이다.

이 집에는 주인이 존재한다. 저녁을 지나 주인인 아버지가 집
에 오는 밤이 되면 방 안 공기는 한겨울 시멘트 바닥처럼 서늘해
진다. 나는 두려움과 졸음 속에서 아버지를 기다리다 영영 집으

로 오지 않았으면 하고 생각하기까지 했다. 나쁜 날만 있는 건 아니었다. 간혹 즐겁게 먹을거리를 사 오는 날도 있었지만 무서운 기억이 더 강하게 남는다. 지금 방 안은 여동생이 세상모르게, 한 번씩 칭얼거리기까지 하며 행복한 표정으로 자고 있어 마치 행복하고 화목한 가정처럼 느껴진다.

늦은 밤, 발자국 소리가 들리고 아버지가 돌아왔다. 아버지가 문을 열고 방 안으로 들어서자 술 냄새와 찬 공기가 뒤섞여 방 안을 돌아다녔다. 벌건 얼굴과 벌건 눈동자의 도깨비 같은 몰골을 한 아버지는 우리를 식상하다는 표정으로 훑어보았다. 긴장한 어머니는 죄진 것 없는 죄인이 되어 아버지의 기분을 살피며 비위를 맞추려고 애썼다.

잠시 후, 아버지가 큰소리로 트집을 잡으며 어머니를 다그쳤다. 술에 취해 이유 없이 거친 말을 쏟아내며 완력을 쓰기 시작하자 어머니는 약간의 반항을 하다 애원하면서 절규했다.

"마음껏 다 부수고, 그러고 나서 나를 죽이세요."

이것은 폭력이 아니다. 그 누구도 관여하지 못하는 초월적인 존재가 내리는 벌이다. 또한 노란색 전등불 밑에서 자식들에게 보여 주는 비밀이기도 했다.

잠에서 깨어난 동생은 잠시 어리둥절해하며 눈치를 보다 겁에 질려 울음을 터뜨렸다. 나도 울고 싶었지만 벌에 대한 두려움으로 울 수도 없는 투명 인간이 된 지 오래였다. 형과 나는 어찌할 바를 모르고 얼어붙어버린 서로를 보면서 무력감과 나약함에 고개를 숙였다.

어머니는 동생을 껴안으면서 피눈물을 흘린다. 핏물과 눈물이 섞여 지워지지 않는 흔적이 남을 것처럼 장판으로 스며든다. 노란색 집 안 공기는 회색빛으로 변했다.

지금은 아버지의 밤이며 시간은 멈춰서 우리들을 계속 괴롭힌다. 영원히 정지한 듯한 시간이 다시 움직일 때 아버지는 방바닥에 쓰러져 곯아떨어졌다.

어머니와 우리 삼남매는 집을 나선다. 지금 집은 노란색이 있는 우리의 진짜 집이 아니기에 버려야 했다. 그러나 하루 이틀쯤 지나고 나면 집은 또다시 노란색으로 변하고, 우리는 집으로 돌아갈 것이다. 어머니의 손에 의지해 가족의 집이 아닌 아버지의 집으로 다시 돌아갈 것이다. 행복한 기억도 있는 집이므로.

|

몇 년이 지나지 않아 어머니는 지병으로 돌아가셨고 삼남매는 헤어졌습니다.

기억 속 어머니의 모습은 작다.

형의 키가 작았는데도 어머니와 비슷하게 보였다.

'세차원 모집 복지카드 소지자 우대'

잡지 판매하는 저녁이 되면 많은 분들이 저를 지나갑니다. 그중에는 장애를 가진 분들도 가끔 보이곤 하는데 그분들께 동지애 같은 감정을 느끼고 있습니다. 저도 유년기에 오른쪽 눈을 다쳐 장애를 갖고 있어서인 것 같습니다. 스물세 번째로 드리고 싶은 글은 팔 년여 전 취업에 얽힌 이야기입니다.

내가 숨 쉬며 지내는 이곳은 성남의 한 고시원이다. 불규칙적인 막노동 잡부 일로 버티면서 하루하루 살아가는 중이며 삶의 재미는 그다지 없다. 고시원은 내 몸 하나 누우면 꽉 차는 반 평도 안 되는 방이지만 매달 내는 월세를 감당하기가 버거워 비싸다는 생각도 한다. 인력 사무소에 나가는 잡부 생활 틈틈이 안정된 월급 생활 자리를 쓸데없이 희망하며 벼룩시장 신문을 뒤지기도 했다.

날씨가 추워지면서 인력 사무소 일거리가 줄어들고 있다. 삶이 점점 더 작아지던 12월 어느 날, 벼룩시장 구인란에서 호기심이 생기는 일 하나가 눈에 띄었다.

'세차원 모집 복지카드 소지자 우대'

순간적으로 전화를 해야만 할 것 같았다.

"세차원 모집한다 해서 전화드렸습니다."

"여기는 인력 파견 회사이고 복지카드 소지자 위주로 구하고 있습니다."

"제가 시각장애 6급으로 복지카드가 있고 또 보기에는 정상인과 다를 바 없습니다."

"그럼 이력서와 등본 가지고 사무실로 와보세요."

사무실은 야탑역 부근에 있었다. 그 회사는 주로 경비원과 청소 인력을 파견해주는 회사였다. 사십 대 정도에 건달기가 있어보이는, 직함이 '이사'라는 사람에게 면접을 보았다. 전체적으로 내 모습을 훑어보던 이사는 "해야 할 일은 주로 수리를 마친 외제차 세차입니다. 시력도 좋아야 하고 체력도 있어야 합니다. 또 실외에서 하는 일이라 겨울에 춥다고 중간에 그만두면 문제가 있으니 잘 생각하시기 바랍니다"라며 부정적으로 말했다.

나는 "제 시력은 비록 한쪽 눈은 안 보여도 두 눈인 듯해 문제없고 겨울에 노동 일을 해봐서 추위와 체력도 걱정 없습니다. 좋은 연락 기다리겠습니다" 하며 서류를 인력 파견 회사에 놔두고 나왔다.

며칠이 흐른 후, 사무실로 오라는 연락을 받았다. 가보니 면접을 봤던 이사가 일 년짜리 근로계약서를 내밀면서 작성하라고 말했다. 기다렸던 일이었지만 난감한 문제가 있어서 털어놔야만 했다.

"이사님, 저는 사실 노동 일을 하면서 돈 있으면 고시원에서 생활했고 돈 없으면 노숙 생활을 했습니다. 이 생활이 지긋지긋해서 벼룩시장 구인란을 보고 전화드린 겁니다. 일을 하고 싶지만 제 수중엔 현재 팔만 원이 전부라 월급날까지 버틸 수가 없습니다. 일도 안 한 상태에서 형편없이 염치없는 소리지만, 일주일 일한 후에 이십만 원만 가불해주시면 안 되겠습니까?"

도저히 해서는 안 되는 말이었다.

"인생을 어떻게 살기에, 참 다이나믹하게 사는군요. 하하."

마주 앉아 있던 이사는 웃으며 말했다. 그러고는 "회사 규정에 가불은 안 됩니다. 또 일도 않고 가불 얘기하는 사람은 당신이 처음인지라 황당합니다만 진실인 것 같아 제 돈으로 일주일 후 이십만 원 입금해주고 월급날에 차감하겠습니다" 하고 말하였다. 나는 좀 우스운 사람이 되어 인력 파견 회사 문을 나섰다.

그 이후 일 년의 계약 기간 동안 세차원으로 일했습니다. 세상에는 믿음을 주는 분들이 많습니다. 빅판 하며 만난 독자분들 중에도 저의 조각, 그림에 한없이 믿음을 주는 분들이 있습니다. 고맙습니다.

과거의 기억을 사랑하지는 말자. 앞날을 사랑하자.

이십오만 원

요즘 불경기라 많이들 어려운 듯합니다. 친구와 돈에 관한
이야기를 스물네 번째 글로 드리겠습니다.

1997년도 겨울, 다니던 회사가 문을 닫았다. 시간이 많아져
여유가 생겼지만 삶의 리듬은 깨졌다. 두 달이 흐른 이듬해 남산
에 위치한 하얏트 호텔에서 야간 주방 청소원이라는, 하던 일과
는 다른 생소한 직업으로 생계를 이어가게 되었다.

어느 날, 외환 위기로 인해 같은 직장에서 실직한 친구로부터
전화를 받았다. 이 친구와는 직장 동료로 만났지만 나이도 같고
마음도 통해서 서로 마음을 터놓고 지내는 사이였다.

"잘 지냈어? 오랜만에 하는 전화인데 돈 이야기해서 미안하
다. 내가 노점상 하려는데 처음에 물건 구입할 돈 백만 원 정도가
필요해서… 있으면 좀 빌려줘라."

칠십만 원 정도의 반 토막 난 월급으로 지내느라 생활이 빠듯

했지만 그의 부탁을 거절하지 못해 신용카드로 급전을 만들어 며칠 후 친구에게 건네주었다.

"이 돈 내 여윳돈이 아니고 카드깡을 해서 만든 돈이다. 매달 이십오만 원씩 갚아나가야 해. 할 수 있겠지?"

그의 얼굴은 기쁨으로 밝은 빛을 띠었다.

"걱정 마라. 노점 장사 아이템으로 좋은 게 있어. 금방 갚고 나도 자리 잡을 수 있어. 약속한 날에 꼭 갚아주마."

친구는 매달 정한 날에 돈을 갚아나갔다. 그러나 마지막 이십오만 원이 남았을 때부터 연락이 안 되기 시작했다. 소식도 모른 채 몇 개월의 시간이 흘러가면서 나는 슬슬 친구에 대한 걱정보다는 '혹시 돈 때문에?' 하는, 돈에 대한 집착이 더 앞서기 시작했다.

잊는 시간은 그리 오래 걸리지 않는다(배신감은 들지만). 몇 개월 정도 흐른 어느 날, 친구는 내 집으로 조심스레 찾아와서는 멋쩍은 웃음을 지으며 말하였다.

"내가 궁금했지? 노점 장사 하다가 단속으로 물건을 다 압수당했어. 돈도 없고 너에게도 미안하고 그냥 이곳저곳 막노동으로 떠돌아다녔네. 어쨌거나 연락 안 한 건 미안하게 됐어."

나는 "야, 그래도 연락은 해줘야 할 거 아니냐?"라고 신경질적으로 말하며 면박을 줘버렸다. 그러자 그는 "하여튼 빌렸던 돈 늦게 줘서 미안타 자슥아!" 하면서 검은 비닐봉지 하나를 나에게 던져주었다. 내가 봉지를 살펴보는 사이 그는 홀연히 떠나가버렸고 비닐봉지에는 이십오만 원이 어지러이 담겨 있었다.

그 이후로는 친구의 소식을 알 수 없었다. 그렇게 관심에서도 사라져가던 어느 날, 다른 사람에게서 그의 소식을 들었다.

"그 친구 소식 알고는 있어?"

"모르겠는데… 전에 한번 우리 집에 오고 나서 보질 못했어."

"소문에 죽었다더라. 노숙 생활하다 공원 벤치서 새벽에."

|

돈은 사람을 추하게도, 선하게도 만듭니다.

허무한 밤.
한 시간마다 절망했다. 아니 삼십 분마다 절망했다.
쓴웃음 나오는 얼굴, 부끄러워지는 손,
사람들 보기가 무안해 감아지는 눈동자.

장례식장의 웃음소리

잡지 판매 일을 꽤 오랫동안 해왔던 빅판께서 얼마 전 뇌졸중으로 사경을 헤매다가 생을 마감했습니다. 빅이슈 사무실에 분향소가 차려져 오후 여덟 시에 일 마치고 사무실로 가보니 많은 빅판들이 와 있었습니다. 쓸쓸한 분향일 줄 알았는데 고인의 가는 길이 외롭지 않을 듯해 다행이었습니다. 스물다섯 번째로 드릴 글입니다.

이곳에는 나와 비슷한 아이들 백이십 명 정도가 함께 살고 있다. 간혹 부모가 훈육을 시킨다는 이유로 부유한 집에서 태어나 계급이 다르고 색깔 있는 아이가 올 때도 있다. 그러나 그 아이가 우리와 같은 방에서 뒹굴지는 않는다. 그 아이는 보육원 원장 집에서 생활하며 지내다가 일주일을 넘기지 않고 고급 승용차를 타고 다시 돌아가버리기 때문에 우린 그 아이의 얼굴이나 이름을 제대로 알지 못하고 따라서 기억에도 남지 않는다. 그저 얼핏얼

핏 보이는 유령과 같을 뿐이다.

우리가 이곳에서 지내면서 두려워해야 할 존재는 학교의 엄한 선생도 아니고 길거리에 보이는 부랑자나 불량한 학생들도 아니다. 이곳을 거쳐간 사람들 중 나이 차가 십여 년이 넘지 않는, 형이라 불리는 사람들이다.

오늘도 밤 열 시가 넘어가면서 이곳 울타리의 기운은 변하기 시작했다. 같은 이불을 덮고 있던 친구가 내 귀에 "○○ 형 지금 1호실 방에 있다더라"라고 말하면서 어둠 속에서도 느껴지는 두려움의 눈빛을 보냈다. ○○ 형이라는 사람은 일주일이 멀다 하고 밤마다 찾아오는 저승사자 같은 존재였다. 3호실 방에 있는 일곱 명의 조무래기들은 약속이나 한 듯 "숨소리도 내지 말고 자는 척하자" 하며 서로 말하였다.

이불 속에서 숨죽이는 시간이 흐르던 그때, 누군가가 방문을 열고 말했다.

"다들 집합."

긴장한 채 이불 밖으로 고개를 내미니 오지 말길 기도했던 ○○ 형이 한 손에 곡괭이 같은 둔탁한 몽둥이를 들고 서 있었다. 그는 우리에게 가정집 아이들과 싸워 이길 수 있는 '깡다구'를 키워야 한다며 엎드려뻗치게 한 뒤 기분 내키는 대로 엉덩이에 몽둥이질을 해댔다.

'우리 눈에 보이지 않게 영원히 사라져버렸으면.'

이 울타리를 떠난 자가 월담으로 들어와서 폭력을 휘두르는 것은 저주를 부르는 일이다. 이유 없는 폭력에 분노가 치밀었지만 속수무책이었다.

어느 날 원장은 모두들 강당으로 모이라 말했다.

"다들 모이라 한 이유는 ○○ 군이 사고로 죽어서다. ○○ 군 장례를 이곳에서 치를 거니 알고 있어라."

장례식장은 텃밭에 있는 허름한 농기구 창고에 마련됐다. 밤이 다가오고 원생들은 모두들 그곳에 모여 무릎을 꿇고 앉아 촛불을 밝혔다.

찬송가를 끝내고 원장이 기도를 하고 있을 때 여자들의 흐느낌 소리가 간혹 들렸고 대체로 무거운 공기가 흘렀다. 그러다 언뜻 웃음소리가 들려왔다. 다시 자세히 들어봐도 흐느낌 소리에 섞여 있는 것은 분명 웃음소리였다. 한 사람의 소리는 아닌 듯했다. 나 또한 참지 못하고 실실 웃어버렸다. 여자들의 울음소리와 남자들의 키득거림이 섞여 장례는 묘하게 흘러갔고 당황한 원장은 어리둥절해하면서도 웃음을 흘리는 아이들을 나무랐다. 그러나 웃음소리는 멈추지 않고 다만 작아질 뿐이었다.

|

장례식이 끝나고도 단체 기합을 받았던 이상한 기억입니다.

보스니아전쟁으로 고아가 되어 구두를 닦는 소년이 잠든 모습.

강아지

하루는 신문에서 돌멩이도 애완동물처럼 키우는 사람이 있다는 기사를 읽었습니다. 동물들은 키우는 데 손이 많이 가다 보니 사람과 반려하는 존재도 점점 다양해지는 것 같습니다. 인간은 많이들 고독해한다고 느껴집니다. 그 기사를 읽고 오래전 홈리스로 지낼 때 있었던 동물에 관한 일이 생각나 스물여섯 번째 글로 드리겠습니다.

많은 이들은 자신의 삶을 불행한 듯 여기며 지낸다. 현재 나는 내 삶을 별 관심 없이 바라보지만 불행이나 행복으로 말하지는 않는다.

나는 지쳐가고 있다. 나는 단지 하나의 문제, 먹고 자는 것만 생각하며 살고 있는, 이런 생활의 끝이 언제인지도 알 수 없는, 남들이 '노숙자'라 부르는 사람이다. 이른 나이인 삼십 대 초반부터 이 길을 가고 있어 운명처럼 느껴지지만 그런 운명이라고 해도 크게 불만은 없고(마음이야 아프지만) 운명은 항상 바뀔 수 있다고 믿고 있기도 하다.

지금 내가 갖고 있는 건 작업복을 구겨 넣은 배낭과 거친 냄새가 배어 있는 몸뚱이와 고장 난 나침반처럼 갈 곳을 찾지 못해 갈팡질팡하는 단순한 머리뿐이다.

날이 어두워지면서 또 하루를 고민하다 무심코 배낭을 뒤져보았다. 너덜너덜한 명함 하나가 있어 들여다보니 몇 년 전에 조형물 작업으로 알고 지냈던 사람의 것이었다. 그때에 비하면 창피하고 부끄러운 사람이 되어버렸지만 문득 찾아가고픈 생각이 들어 근처 공중전화로 가 전화를 걸었다.

"임상철입니다. 하시는 일이 어떤지 궁금하기도 하고 한번 뵐까 해서요."

"오랜만이구나. 시간 날 때 들르게나."

들려오는 소리는 오래전에 들었던 그 목소리였다.

다음 날, 공장으로 찾아가서 눈치를 살피니 명함의 주인은 내 몰골을 보고도 별다른 내색 없이 반겨주었다. 내심 한숨을 돌리고 마음이 놓였다.

공장은 상황이 많이 기울어져 있었다. 다른 직원은 보이질 않고 혼자서만 일하는 중이었다. 그는 쓴웃음을 지으며 다시 일어서려고 애를 쓰고 있다고 말했지만 재기하기엔 힘들 것 같았다. 그래도 "히트작 하나면 순식간에 일어서죠" 하는 희망의 말을 건

넬 수밖에 없었다.

현재의 구차한 내 삶을 이야기하고 나서는 허드렛일을 도와주며 기약 없는 잠시 동안을 머물기로 허락받았다. 공장 옆에 붙어 있는 컨테이너에서 지내기로 했다.

컨테이너 앞에는 강아지 한 마리가 묶인 채로 서성거리고 있었다. 털북숭이인데 털은 거칠고 지저분하게 덩어리로 뭉쳐 있어 내 모습과 다를 바 없이 가까이 다가가기에 부담스러운 존재였다. 그래도 강아지는 나를 경계하지 않고 친구를 만난 듯 꼬리를 흔들며 반겨주었다. 사람이 반기는 것과는 다르게 이상하리만치 묘한 감정을 전해주면서 동질감까지 느끼게 하였다.

컨테이너에서 지내며 형편없이 살던 어느 날, 형님은 삶은 감자를 갖고 와서 속이 허전할 때 먹으라며 줬다. 그날 밤 감자를 먹으며 벗인 강아지에게도 던져주었다.

다음 날 밖으로 나가 보니 강아지가 움직이질 않고 고요했다. 순간, 내가 전날 준 감자가 문제인 듯해서 죄인이 되어 강아지 주인에게 전화를 했다.

"형님, 어젯밤에 제가 강아지에게 감자를 줬는데 감자가 목에 걸려 죽은 듯합니다. 어떻게 하죠?"

"에구, 어쩌겠니? 공터에 깊이 땅 파서 잘 묻어줘라."

분노하거나 놀라지도 않고 덤덤하게 말하는 강아지 주인의 목소리는 강아지의 운명을 미리 알고 있었다는 듯이 가라앉은 채

차분했다. 나는 강아지 무덤을 만들면서 스스로의 무덤을 파는듯 마음이 괴로웠다. 강아지의 죽음은 내가 이곳을 떠나야 한다고 말하는 건가.

|

홈리스 생활은 어쩌면 나그네의 생활과도 같습니다. 저는 다시 수원으로, 그리고 또 다른 곳으로 갔습니다.

우리는 바로 옆에 있는 행복은 버린 채
행운만 찾아 헤매지는 않았을까요?

배 형

어느 날 메일함을 뒤적이다 오래전에 보낸 짧은 편지를
발견했습니다.
'배 형! 나는 아직도 정신은 형편없고 사는 건 말라가네.
배 형이 나에게 보여 준 인간적인 면모와 실로 오랜만에
느낀 따스함에 고맙네. 하는 사업 잘되길 바라고 건강히 잘
지내시게.'
제가 십여 년 전 홈리스로 바삐(?) 움직이던 때 조형물
회사를 운영하던 사람에게 보낸 쪽지였습니다. 읽으면서
그때의 기억이 새로워 가슴이 찡하면서 잠시 멍했습니다.
스물일곱 번째 글입니다.

지도상 수원 밑에 있는 오산에 살면서 간혹 인력 잡부 일로
길거리 생활 중인 지금 나의 시절은 걱정 없이 자유로움이 넘치
지만 낭만은 찾기 힘든 시절이기도 하다.

하루는 문자가 왔다. 잃어버린 시절을 사는 사람에게도 문자를 하는 이가 있다는 건 이상하고 기쁘지도 않은 일이다.

'저는 조형물 회사를 운영하는 배○○입니다. 회사에서 경험 많은 사람이 필요해 수소문하던 중 지인의 추천을 받아서 한번 만나보고 싶습니다. 연락 바랍니다.'

나를 찾는다는 이야기에 눈이 번쩍 뜨였다. 오산이라는 동네에는 아무런 미련도 없는 차였다.

경기도 광주에 있는 사무실에서 배 사장과 만났다. 여러 가지 이야기를 하면서 알게 된 건 그와 내가 1967년생으로 동갑이라는 것과 시기는 다르지만 같은 회사에서 근무했다는 것이었다. 우리는 금세 친근해졌다. 배 사장도 동갑인 나이와 같은 전 직장으로 내게 호감을 느꼈는지 앞으로 나를 '임 형'이라 부르겠다고 했고 나 또한 그를 '배 형'이라 부르기로 했다.

그래도 우리는 다른 점이 더 많았다. 배 사장은 서울대 조소과 출신이며 화목한 가정을 꾸린 듯했고 집안이 부유해 보이기도 했다. 그에 비해 내 삶은 오염된 냇가의 흙으로, 초년부터 살아온 삶이 많은 차이를 가지고 있는 듯해 내가 제 4계급처럼 느껴졌다. 늦은 저녁에 저녁 겸 술을 하며 배 형은 같이 온 후배 조각가를 소개했다.

"임 형, 유능하고 앞으로 뛰어난 예술가가 될 내 후배네. 같이 손발을 맞출 때가 많을 거야."

내가 취기에 웃음으로 "배 형, 원래 예술은 궁핍 속에서 독학으로 해야 위대한 것 아닌가? 난 그렇게 생각하는데" 하고 말하자 "임 형 말도 일리는 있지. 그래서 나는 작가로는 살아도 예술가라곤 말하지 않네. 흐흐" 하고 말해 내 궁핍한 삶이 헛되지는 않게 느껴졌다.

술의 시간이 끝난 뒤 나와 배 형의 후배는 사우나에서 하룻밤을 자고 다음 날부터 배 형의 조형물 제작소에서 일을 시작했다. 직원들과 소개를 주고받는 첫날은 하루가 순식간에 지나갔다.

그날 밤, 기숙사에서 함께 지내게 된 일을 배우는 젊은 친구와 함께 저녁을 했다. 나는 내일이 없는 사람인 듯 마셔댔다.

"형! 이렇게 마시면 내일 일은 어떻게 하려고 그래요?"

"야, 야, 원래 조형물 일이 알딸딸한 상태로 술김에 하는 거야."

다음 날, 아침 아홉 시 전에 깨어 있어야 했지만 나는 일어나지 않았다. 편하게 누워 물을 찾아 마시고는 또 드러누웠다. 오전 열한 시쯤 배 형이 기숙사 문을 열고 들어와선 "임 형, 어제 술 많이 마셨나 봐. 직원들이 수군대는데" 하고 말했다.

"그래, 심신이 많이 망가졌어. 이 모양이라 미안하네."

배 형은 걱정스레 "어떻게 하지?" 하고 말했고 나는 "뭘 어찌해? 떠나야지. 오자마자 미꾸라지가 돼서 할 수 없지. 담배 한 보루하고 차비나 조금 챙겨주게"라고 말했다. 배 형은 차로 버스 정류장까지 바래다줬고 나는 길을 떠났다.

언젠가는 홈리스가 아닌 예술가로 만날 날이 있겠지.

|

저는 그 이후 배 형을 한 번도 보지 못했습니다. 홈리스 생활을 하다 보면 인간관계를 성실히 이어나갈 의지가 없어지기도 합니다.

나는 사람들이 내 삶에 감동받는 걸 그다지 좋아하지 않는다. 애정은 필요로 한다.

첫 번째 독자

제가 판매하는 〈빅이슈〉에 글과 그림을 넣은 지도 꽤 많은 시간이 흘렀습니다. 제가 〈빅이슈〉를 알게 되고 또 판매하게 된 것은 홈리스로 지냈던 인생에서 어찌 보면 행운일 수 있습니다. 이 일을 안 했다면 저는 지금도 장마철 장대비를 원망하며 피시방이나 사우나에서 단 하루의 시간만을 걱정하며 지내고 있을 테니까요. 스물여덟 번째 글입니다.

나는 〈빅이슈〉 잡지를 판매하는 사람이며 이 일을 한 지는 한 달도 안 된 초보자다. 이 잡지는 일반 잡지가 아니다. 자신이 홈리스란 사실을 인정하면서 팔아야 하는, 부끄럽게 느껴지는 잡지다. 그러면서도 이 일을 하게 된 것은 낯이 두꺼워서도, 자존심이 없어 창피를 몰라서도 아니다. 홈리스 삶이 점점 더 힘겨워지면서 희망이란 단어를 찾고 싶기 때문이다.

하지만 솔직한 생각은, 좋게 보더라도 빅이슈 시스템이 그다지 마음에 들지는 않는다. 처음 판매를 시작하면 주는 무료 잡지 열 권 이후, 빅이슈에서 고시원을 얻어주기까지 이 주일 동안 자력으로 살아야 한다는 것이 정글의 법칙처럼 냉정하게 느껴지기도 하기 때문이다. 그나마 나에겐 몇 푼이라도 갖고 있는 돈이 있었고, 잠자리 또한 고시원에서 생활 중이라 큰 문제는 없었다. 또 시스템이 마음에 안 든다고 해도 현재 상황에서는 내 능력으로 할 수 있는 일이 별로 없다. 놈팡이가 돼버린 지 오래 아닌가?

그날도 그럭저럭 잡지 판매를 마치고 고시원으로 들어와 드러누워 멀거니 조그마한 텔레비전을 응시하고 있는데 문득 머릿속에서 뭔가 허전하다는 생각이 들었다.

'분명 잡지 장사는 맞는데… 뭔가가 부족하네.'

부족한 것이 무엇인지 곰곰이 생각해보니 이 잡지는 분명코 판매자들이 표지 모델과도 같은 주인공이 되어야 할 것 같았다. 어쩌면 이것으로 찾고자 했던 답을 찾은 것일 수도 있다. 앞으로 판매할 잡지부터는 내 이야기를 적어 복사해서 끼워 넣어보기로 작정했다.

그다음 날부터 나의 이야기를 끼워 넣어 잡지를 포장하기 시작했다. 내가 쓰는 글은 잃어버린 시간을 더듬고 들여다보는 것이지만 행복한 이야기는 없을 듯하다. 사무실에서 포장을 하면서 주변을 둘러보니 사탕을 넣은 빅판도 보이고 좋은 글귀를 넣은 빅판들도 더러 보였다.

시간은 흘러 새로운 신간이 나왔고 나는 또 새로운 이야기를

적어 넣어 판매지로 나갔다. 잡지를 구매하는 독자들 중에는 과월
호를 구입했던 분들도 계시련만 다들 새로운 사람처럼 보였다.

오후 일곱 시가 지나서 외국인 남성이 다가와 잡지를 구매하
던 중 내게 말을 건넸다. 옆에 있던 그의 일행이 통역을 해주었다.
이 분은 확실히 기억나는, 과월 호를 구입했던 독자다.

"저는 호주 사람입니다. 저는 이 잡지를 잘 알고 있습니다. 지
금 건축설계 일로 한국에 와 있는데, 지난번에 구매한 잡지에서
당신의 글을 읽었습니다. 자신을 소개하는 글을 보고 즐겁고 좋
았습니다."

그는 미소로 악수를 청해왔다. 얼떨결에 그와 악수를 하며, 글
을 넣은 게 동정을 구하거나 잡지를 더 팔려는 수작으로 보이지
않아서 다행이라 여겼다. 호주 사람인 독자와 통역을 해준 분께
감사의 인사를 전했다.

그 후로도 신간 때마다 잡지를 구매하러 오던 호주 독자는 어
느 날, 이제 한국에서의 일을 마치고 호주로 돌아간다면서 마지
막 잡지를 구매하고 떠나갔다. 그는 내 기억 속에 남아 있는 첫
번째 독자다.

|

이 주에 한 번씩 글을 쓰고 그림을 그리는 것도 쉬운 작업은
아니더군요.

잡지 판매를 마친 늦은 밤, 역내 제과점에서 일하는 젊은이를 보고
가슴이 찡했습니다. 독자분 추구하는 일 꼭 이루시길….

흑과 백

기억에 남은 사람의 소식을 오랜만에 다시 접하게 되면서 그
사람의 현재 삶을 알아버렸을 때 사람들은 어떻게 하는지
궁금합니다. 스물아홉 번째 글입니다.

한참을 잡지 판매하다 오후 일곱 시가 지나면서 핸드폰을 들
여다보니 고향 친구로부터 전화 온 흔적이 남아 있었다. 슬슬 무
료해지려던 차에 잘됐다 싶어 친구의 번호를 익숙하게 눌렀다.

"헬로우~"

영어 발음이 어색한, 내 삶을 송두리째 알고 있는 친구의 음성
이 들려왔다. 퉁명스런 말로 "너 전화했었냐?" 하며 전화한 목적
을 물었다.

"너 김○○이란 사람 기억나? 우리 팔 년 정도 선배라는데 전
화 왔었어. 네가 전에 보육원에 적어둔 내 전화번호 보고 전화했
단다."

"김○○이라….."

기억의 회로는 이상한지 좋은 이름은 머릿속에 없고 나쁜 이름만 많이 있다. '김○○'은 희미한 이름이라 악연은 아닌 사람인 듯싶었다.

"그 사람 얼굴과 이름은 약하게 기억하는데, 몰라. 더군다나 팔 년 선배라면 우리하곤 하늘과 땅 차이 아니냐?"

"그 사람은 너를 잘 알고 있더라. 그림 잘 그렸던 동생으로 알던데."

"그럼 전화번호를 문자로 보내줘봐. 전화해보게."

그렇게 해서 보육원에서 같이 컸다는 선배의 연락처를 알게 되었고, 며칠 후 전화를 했다.

"여보세요."

"안녕하세요. 저는 ○○이를 통해서 전화번호를 알게 된 임상철입니다. 고향 형님이시라 해서 전화드렸습니다."

"상철이구나! 어렸을 때 너희들 보면서 꼬맹이라 불렀는데. 여름엔 너희 월대서 발가벗고 물놀이했었잖아. 하하."

꼬맹이란 단어가 조금 신기하면서도 내가 알몸으로 물놀이했다는 걸 희미한 기억으로 남아 있는 사람에게 듣는 것이 어색하며 불편하기도 했다.

그 이후 두어 번의 통화로 이야기를 더 하게 되면서 ○○ 형의 현재 삶이 밑그림으로 슬슬 그려지기 시작했다. 분명코 좋은 그림은 아닌 듯 어둡고 탁하게 그려진다는 게 마음을 무겁고 침울하게 만들고 있었다. 형은 나와 친구의 현재를 궁금해하는 눈치였다.

"너하고 ○○이는 지금 어떻게 지내니? 한번 봐야 하는데."

"○○이는 결혼해서 직업인으로 잘 살고 있습니다. 저는 쭉 혼자 살고 있고 일반적인 직업이 아닙니다. 딱 집어 뭐라 말할 수 없기도 하고…."

나는 지금 하고 있는 일을 설명하고 싶지 않아 숨기려고 하다가 진짜 내 모습을 보여 주고 싶은 마음이 들어 "형님, 인터넷에서 '빅이슈'라고 검색하면 저에 대해 나올 겁니다. 한번 검색해보세요. 그리고 나서 전화나 문자 주세요" 하며 전화를 마쳤다.

그러나 그 후 아무런 회신이 없었다. 며칠이 지나 친구에게 이 일을 전하니 "아이고, 너 괜히 하는 일 알려준 거 아니냐? 그 형도 여러모로 형편이 안 좋은 듯한데 동생들까지도 삶이 어려우니 얼마나 마음이 아팠겠냐" 하며 경솔히 말했다는 듯한 타박이 돌아왔다. 총천연색으로 변화가 많은 세상에서 홀로 흑과 백의 세계에 사는 듯 느껴진다.

|

그 형과는 사진까지는 교환하며 전화 몇 번 하다가 이제는 연락 안 하고 지냅니다.

보는 사람의 생각에 따라 느낌은 달라진다.

추석

추석을 어떻게 보내시나요? 젊은 날의 저는 추석이나 설 연휴가 오면 어린 시절을 보낸 곳을 자주 찾아갔습니다. 고향 집을 가는 기분으로 갔던 생각도 듭니다. 서른 번째 글은 젊은 날 추석 이야기입니다.

올해도 추석은 어김없이 다가왔다. 직원들은 연휴에 대한 기대감으로, 명절 상여금으로 인한 사장님의 걱정은 아랑곳없이 들뜬 채 기분 좋은 표정들을 하고 있었다.

추석 연휴 전, 사장님은 회식을 하면서 직원들에게 상여금을 나눠 줬다. 내 차례가 오자 "임 군, 추석날 별일 없으면 집에서 식사나 같이하지" 하고 말했다. 나를 동생처럼 대하는 게 좋았고 이곳 공방에서 인정받는다는 생각도 들었다. 그러나 이번 추석은 어린 시절을 함께 보낸, 지금은 전국에 흩어져서 살아가는 친구들과 형, 동생들을 만나 삶을 들여다보고 싶은 생각이었다.

추석 전날, 비행기로 한 시간 만에 제주도에 도착해서 과자를 사곤 보육원으로 향했다. 보육원에 들어서서 원장님과 사모님께 인사하니 반가워하며 잘 쉬다 가라고 말해 고향 집에 온 듯 마음이 편안하고 즐거웠다. 원생들이 지내는 방으로 가보니 한참 어려 보였던 소년이 한 방의 반장으로 자라 있어 시간의 변화를 느끼며 훗날 나의 삶을 조금은 기대해보기도 했다.

"자식, 많이 컸구나."

반가움에 말했지만 반장은 굳은 표정의 어눌한 목소리로 "지금 내려왔어요?" 하고 말했다. 형들에게 좋지 않은 기억도 갖고 있는 듯해 미안함도 있었다. "너 반장이라고 애들 괴롭히지 말고 잘해줘야 해. 과자는 애들 나눠 줘라" 하고선 사람들이 많이 찾아왔는지 물어보니 다들 낙화수로 기념사진을 찍으러 갔다는 대답이 돌아왔다. '낙화수'는 우리끼리 대나무 숲과 계곡이 어우러진 곳을 부르던 이름으로, 우리 원생들이 대나무로 마당비를 만들려고 자주 갔던 곳이기도 했다.

낙화수로 가보니 사람들은 보이질 않고 간혹 들리는 메아리 소리가 어딘가 사람이 있다는 걸 알려줄 뿐이었다. 조금 더 깊이 들어가니 웅장한 바위들과 호수처럼 물이 있는 대나무 숲 부근에 사람들이 모여 있는 게 보였다.

우리는 서로의 이름을 부르며 반갑게 안고 악수하며 인사했다. 이곳에 오길 잘했다는 생각과 함께, 보육원에서 지낸 어린 시절의 날들이 불행의 기억만은 아니라는 위안도 얻었다.

기념사진을 찍고 나서 우리는 낙화수를 뒤로한 채 탑동의 부둣가에 모여 앉아 서로들 각자의 삶을 이야기했다. 제각각 자신이 살고 있는 지역의 사투리를 섞어가며 말하는 것이 재미있고 우스웠다. 많은 이야기를 나누던 중 누군가 두 명뿐이었던 여자 원생들의 삶을 궁금해했다.

"○○와 ○○이는 지금 어디서 뭐 하는지 아는 사람?"

그러자 제주에 뿌리내려 살고 있어 보육원 친구들의 소식을 자주 접하는 한 친구가 "한 명은 식당에서 일하고 또 한 명은 이 근처 여관에서 일하면서 밤에는 사람을 상대하고 있다더라" 하며 믿기 힘든 이야기를 해 모두가 놀랐다.

"○○ 알지? 그놈은 찾아가서 확인까지 했다고 하더라고."

반갑고 즐거웠지만 충격적인 이야기도 듣게 되어 모든 친구들이 혼란해했던 젊은 날의 추석. 지금의 추석은 머리에서 가라고 시키는 곳이 없다. 형과 동생에 대한 궁금증도 담뱃불 꺼져가듯 가슴속에서 소멸되어가고 있다.

|

귓속에 박혀 있는 동생의 전화 속 한마디만 간혹 들려옵니다.

"작은오빠! 저녁 안 먹었으면 집으로 와."

어린 시절에는 미술가를 꿈꾸면서 해외 입양이라는 태양이 비추길
바라기도 했습니다.

세 친구

중학교에 입학하고서 가정카드를 만드는데 부모의 직업을
적는 곳에 무심코 '보육원 원장'이라고 적은 적이 있습니다.
그걸 본 담임 선생님은 저의 부모 직업을 유치원 원장으로
알고 한동안 호의적으로 대해줬습니다. '직업에는 귀천이
없다'는 말이 있지만 사람들은 '직업에는 귀천이 있다'고
여기는 듯도 하며 서른한 번째 글을 드립니다.

내가 가까이 지내는 벗은 세 명이고 셋이면 족하기도 하다. 한
명은 고향 친구고, 두 명은 친구의 친구지만 어느덧 십오 년여의
세월 동안 내 삶을 알고 있어 친구가 되어버린 사람들이다. 만약
그들과의 우정이 허술하게 얽혀 있다 해도 실망하진 않을 것이
다. 사람들은 대부분 불리한 순간이 되면 잊혀진 사람이 돼버리
는 것을 봐왔기 때문이다.

휴일 날 셋이서 모여 저녁을 하기로 약속했다. 시간을 맞추어

약속 장소로 가니 먼저 와 있던 친구들이 웃으며 반겨주었다. 서로 간단한 안부를 묻곤 식사와 반주를 편하게 할 수 있는 근처 음식점을 찾아 들어갔다.

좋은 분위기 속에서 지나온 우리들의 인연과 허약해지는 미래를 말하며 서로 잔을 주고받다 보니 취기가 오르기 시작했고, 술이 지배하는 이야기가 길어졌다. 주제는 내가 〈빅이슈〉 잡지 판매하는 것을 쳐다보는 사람들의 시선으로 옮겨갔고 한 친구가 마음속 생각을 거리낌 없이 말했다.

"임 형, 홈리스 잡지 판매 일을 본다면, 내가 보기엔 결국은 동정을 필요로 해야 팔릴 듯한데 부끄럽지 않나?"

친구는 이미 쪼그라들어버린 내 심장을 끄집어내어 보여 주는 것처럼 말하였다. 여러 갈등 속에 잡지 판매 일을 놓아버리고 싶은 많은 날을 지내왔지만, 그래도 이 일이 최선이라는 생각을 하고 있기에 친구의 말을 "쓸데없는 말 하고 있어. 너 취하는구나" 하며 대수롭지 않게 받아넘겼다.

그런데 옆에 있던 다른 친구가 불쑥 화를 냈다.

"야, 그게 친구에게 할 소리니. 우리가 서로의 일을 뭐라고 하며 따질 필요가 있어?"

둘은 점점 큰소리를 내기 시작했다. 주위 사람들이 힐끔거리며 불편하다는 시선으로 우릴 쳐다보는 게 느껴졌다.

그 순간, 슬프게도 〈빅이슈〉 잡지 팔며 살아가는 내가 한심스럽고 친구들이 살아가는 모습도 창피하게 느껴져 "서로 왜 다투는 거냐? 우린 다들 형편없어. 자, 세 명이 하는 일을 보자고. 나는 길에서 〈빅이슈〉 잡지 팔며, 한 명은 노가다 일하고, 또 한 명은 사우나서 남의 등짝이나 밀어주고 있어. 이게 우리가 늙어가면서도 최선으로 결정한 현실의 일이다. 그렇다고 돈이라도 많이들 벌어봤어?" 하면서 식당 안에 다 들리도록 큰소리로 말해버렸다. 그러자 서로 얼굴을 붉히던 친구들은 놀라며 잠시 조용해졌다가 한 친구가 "그래, 맞는 말이네. 우리 일어나자" 하는 말에 자리를 정리했다. 셋은 작아진 가슴으로 우울하게 식당을 나섰다.

기분 좋게 모였다가 쓸쓸히 헤어진 하루였지만 생활인으로 치열하게 현실을 살아가고 있는 친구들에게 박수를 보내고 있습니다. 그리고 하루하루를 열심히 살고 계실 독자분들께도 진심으로 박수를 보내며 감사하고 있습니다.

고양이와 함께 있는 자화상.

고급아파트

잘 지내시는지요? 어느 날 뉴스를 보다 무심코 생각난 이야기가 있습니다. 제가 유일하게 알았던 재력가의 삶, 그의 현재 삶이 궁금해져 서른두 번째 글을 드리겠습니다.

하룻밤 집인 24시 사우나를 찾아 맥없이 길을 가던 중 자동차 경적 소리가 울려 뒤를 돌아보니 고급 승용차가 나를 향해 오면서 울린 것이었다. 차는 곧 내 옆에 멈춰 서더니 어둡게 선팅한 운전석 유리창이 열렸다.

"상철이 아니냐!"

내 이름을 부르기에 무표정으로 쳐다보니 아는 사람이었다. 한국은 좁은 나라인 듯도 싶어 순간 내 몸에서는 긴장감이 올라왔다. 잊어버린 사람을 우연히 만난 게 놀라웠고 느긋이 고급 승용차 운전석에 앉아 있는 모습에 더 놀랐지만 부유해 보이는 삶이 대충 짐작은 갔다.

이 사람과의 인연은 내가 어린 나이에 일한 가구 공장에서였다. 그 당시 이 사람은 주임이었고, 나는 수습생으로 있었다. 우리의 같은 점을 찾는다면 그는 왼쪽 눈, 나는 오른쪽 눈을 실명 상태로 의안을 착용 중이라는 거였는데 한 사람에게 두 눈을 주자는 농담을 했던 기억도 남아 있다. 그는 논과 임야를 많이 소유한 지주급의 농부면서 가구 공장 공원으로 일하며 살아가는 중이었다. 공장이 쉬는 날엔 간혹 그와 함께 논에 나가 일을 거들어줬던 기억도 남아 있었다.

"어딜 가는 거니? 일단 차에 타라."

편하게 지냈던 기억이 많이 남아 있어서인지 거리낌 없이 뒷좌석에 탔다. 차는 어디론가 향했고 그는 특유의 많은 말로 내 흔적을 찾고 싶어 했다.

"지금은 뭐 하고 있어? 네 형은 또 뭐 하고 있는데?"

나는 대답 대신 "지금 어디 가는 겁니까?" 하고 되물었다.

"집에 가서 밥이나 같이 먹자고. 와이프랑 아들이 널 보면 반가워하겠다."

"○○이는 많이 컸겠는데요."

"대학 졸업하고 군대 갔다 와서 뭔가를 구상 중인데 좋은 아이템이면 지원해줘야지. 올겨울에 결혼도 하네."

나는 한 귀로 흘려보냈고 차는 넓은 아파트 단지에 도착했다. 집 안으로 들어가니 그의 삶은 많은 것이 화려하고 여유롭게 변해 있었다.

저녁을 먹으면서 이야기를 들어보니 가지고 있던 땅이 신도시로 개발되면서 토지 보상을 받아 백억 원대의 재산가가 된 것이었다. 파주 쪽에 땅을 구하는 중이라고 말을 해 부동산 투기처럼 느껴지기도 했고, 현재는 딱히 하는 일 없이 교회 장로로 있다고도 했다. 내가 형수님이라 불렀던 부인은 나의 차림새를 보고 약간의 거리를 두며 대했지만 크게 상관하지는 않았다.

한참이 흐르고 화장실에 들어서니 넓은 화장실 위쪽 벽면에 내가 오래전 습작으로 만들어줬던 인조대리석 부조가 장식되어 있어서 깜짝 놀랐다.

"화장실에 제가 만든 게 아직도 있네요. 고급 아파트엔 어울리지 않는데…."

그러자 그는 내가 부모를 잘못 만났다는 등의 이야기를 하기 시작했다. 옛적에 과거를 편하게 말해줬던 것이 부메랑처럼 돌아온 듯해 기분이 언짢았다. 나는 곧바로 "형, 저녁 잘 먹고 갑니다" 하며 나서는데 그가 전화번호를 적어주며 "어려운 일 있으면 연락하고 해" 하고 말했다.

아파트를 나와 길가에서 전화번호가 적힌 쪽지를 찢어버리면서 지금의 내 삶은 현재 진행형일 뿐이라고 생각했다.

"너희 아버지, 나한테 이틀 밤은 맞아야 돼" 하던 말이 기억에 남습니다. 아마 저의 재능을 아까워한 듯합니다.

아침엔 네 개, 점심때는 두 개, 저녁때는 세 개인 것은? 정답은
인간이지만 전 슬픔이라고 말하고 싶습니다. 행복이길 바라면서….

형편없는 삶

사계절이 우사인 볼트처럼 지나가면서 따스하다 말하며
미소 짓던 피부는 이젠 춥다면서 옷을 두툼하게 입으라고
아우성입니다. 불과 육 년 전 일도 꿈인 듯하고 저의 현실은
지금이나 그때나 크게 변화된 건 없습니다만 미술로 인해
삶의 활력은 비교할 수 없는 수준으로 좋아졌다 생각합니다.
서른세 번째 글입니다.

나는 쉼터에 사는 사람이다. 내가 사는 쉼터는 스스로는 편히
쉬는 곳이라 말하고 싶지 않다. 어릴 적 보육원 눈칫밥에 이어 성
인이 된 지금도 알게 모르게 눈치를 많이 보며(무료 숙식) 지내고
있어 마음이 어둡고 슬프기도 하다. 물론 편한 점도 있기는 하다.
당장의 생계비가 필요치 않아 궁핍하지 않기 때문이다. 그래도
궁핍함을 피하고 싶은 마음보다 창피한 마음이 더 크다.

하루는 고향 친구로부터 전화가 왔다. 이 친구는 내 삶을 너무

나 잘 알고, 내가 지금 노숙인 쉼터에서 지낸다는 것도 알고 있어 신뢰하고 있기도 하다. 친구는 쉼터의 삶에 대해서는 알지 못할 뿐더러 굳이 알려고도 하지 않았다.

"여기 동대문인데 올 수 있으면 와라. 저녁이나 같이하자고." 수원에 사는 친구는 서울에 볼일을 보러 왔다가 날 보고 싶어 하는 눈치였다.

"만나봐야지. 그런데 이곳은 술 먹거나 밤 열 시가 넘으면 출입문을 잠가버려서 시간이 애매하겠는데…. 외박이 쉬운 것도 아니고."

친구는 다 큰 사람이 규제 속에 있는 게 의아한지 "그래? 너 쉼터에 있는 게 아니고 수용소에서 생활 중인 거 같다. 흐흐" 하며 웃었고 나는 긍정도 부정도 없이 같이 웃어주었다. 쉼터에 있다는 것은 사실 막바지로 흘러가는 인생이라고 생각하고 있었다. 주눅 든 눈초리로 다니며 밖에 있다가도 밤 아홉 시가 넘어가면 허둥대는 모습이 내가 아닌 타인을 보는 듯이 어색한 적도 많았다.

동대문에서 만난 친구는 지인의 소개로 조그마한 가게 자리를 알아보려고 왔는데 별로였다고 말을 했다. 친구의 가족은 날 어떻게 볼지 모르지만 그를 만나니 이상하리만치 당당해지며 마음이 여유로워진다. 서로가 유년기부터 지금까지의 삶을 너무 잘 알고 있어서 서로를 이해하며 바라보기 때문이라 믿고 싶기도 하다.

오랜만에 저녁을 같이한 친구는 동대문에 살고 있는 아는 동생의 얼굴을 보려고 했다. 나도 젊은 날 안면이 있는 사이였다.

"○○이 아직도 창신동에 사는데, 전화해서 집에 있으면 만나보자고."

나는 사회에서 알게 된 사람에게는 내 현실을 보여 주고 싶지 않아 "통화 않는 게 좋겠어. 사정도 그렇고…" 했지만 친구는 동생과 통화하기 시작했다. 내가 옆에서 "나랑 있다고 말하지 마라" 했지만 "반가워할걸" 하며 나의 존재를 말하곤 핸드폰을 나에게 넘겨주었다.

"형! 오랜만이네. 어떻게 살고 있어?" 하는 말이 들려왔다. 나는 자랑스런 말이 없어 과거와 현재를 되는대로 이야기하다 보니 결국에는 홈리스 삶을 살다 쉼터에 있다는 이야기까지 하게 됐다. 그러자 "실망했는데 형. 인생을 왜 그렇게 형편없이 살아?"라며 경멸스럽게 바라보는 얼굴이 그려진 목소리가 들려왔다.

듣고 싶지 않은 말을 들어버린 나는 그 통화 이후 마스크로 얼굴을 가리고 모자를 눌러쓴 자가 되어서 지인들 보기에 괴로운 공허한 나날을 보냈다.

|

몇 개월이 지난 후 쉼터를 나왔고, 그 이후로 〈빅이슈〉를 판매하게 됐습니다.

늦은 밤 잡지를 구입했던 어르신. 저에게 "포기하지 말고 끝까지
가십시오"라고 하시더군요. 격려의 말씀 감사드립니다.

피시방 동거

하루는 판매지로 처음 보는 사람이 찾아와서 '노숙인'으로
살 때의 애로 사항과 필요한 것 등에 대한 이야기를 듣고
싶다 하더군요. 오랜 세월의 노숙 생활 프로를 어찌 알고
찾아왔느냐고 농담을 했습니다.

그런데 이야기를 하다 보니 그 사람이 생각하고 있는
'노숙인'의 모습은 제가 많은 시간 겪고 또 알고 있던 것과는
많은 차이가 있었습니다. 그 사람은 단순히 쓰레기통을
뒤지거나 돈을 구걸하는 사람을 '노숙인'으로 생각하더군요.
저는 '노숙자'란 단어가 1997년 이후 쓰이기 시작한
단어이며 당신이 생각하는 사람들만이 노숙인은 아닐 거라고
말해주었습니다. 개와 고양이처럼 다른 종으로 생각하면
알기 쉬울 거라고도 말했습니다.

그는 또 '노숙인'들의 가장 큰 문제를 배고픔으로 알고 있어
허기를 해결하는 방법도 궁금해했는데, 돈 없이 배고플 때의
해결책은 아주 단순하게 굶는 것이라고 말했습니다. 서른네
번째로 드릴 글입니다.

나는 잠자리를 시간당으로 계산하며 사는 사람이다. 쉽게 말하면 피시방에서 쪽잠으로 지내는 홈리스라는 것이다. 지금 지내는 피시방은 천안 바닥을 샅샅이 살피며 찾아낸, 나에게 어울리는 분위기를 가진 곳으로 컴퓨터는 책상 위 장식품 정도의 퇴물이고 실내는 한낮에도 영화관에 온 듯 어두컴컴해서 기거하기에 좋은 상태다. 하나 더 마음에 드는 점은 며칠 동안 이곳을 자주 들락거리는 사람들을 관찰했더니 나와 같은 생각으로 이곳을 선택한 사람들이 보이는 듯하다는 것이다. 전체적으로 내가 살기엔 최적의 조건을 갖추고 있었다.

이곳을 집처럼 지낸 지 몇 주가 흐르고, 나와 같은 부류의 두 사람과 급속히 친한 사이가 되었다. 한 사람은 신체가 건장한 사람으로 자신에 대해 말하기를 어려서부터 고등학교 때까지 육상 선수였다고 했다. 신체적인 조건으로 봐서 충분히 그럴 만도 했다. 다른 한 사람은 자신을 숨기는 듯했지만 하는 행동이나 말투가 많이 배운 사람처럼 느껴졌다. 우리 세 사람은 피시방을 집 삼아 생활하면서 일을 마치고 돌아온 저녁이면 서로 일 못 나간 사람의 밥값이나 피시방비를 부담해주기도 하면서 자연스레 신뢰하며 지내게 되었다.

시간은 흘러 고통의 시간인 겨울이 다가왔다. 새벽부터 인력사무소에 나가도 일거리를 얻지 못하는 경우가 많아지면서 굶주림의 시간이 슬슬 늘어나기 시작했다. 그러자 우리는 보이지 않게 자신의 위 속만을 챙기기에 급급해졌다. 1월이 되자 시간당 삼백 원으로 있는 잠자리조차 기약 없는 외상일 때가 많아 피시방 주인의 눈치까지 살피는 신세가 돼 있었다.

하루는 피시방 의자에 웅크리고 앉아 졸고 있다가 한 사람이 내 어깨를 흔들기에 눈을 떴다. 그는 조그마한 비닐봉지를 건네주며 미소를 지었다. 비닐봉지 안을 들여다보니 삶은 계란 두 개와 주먹밥이 있었다. "에이, 혼자만 밥 먹고 왔어요?" 하는 기분 좋은 항의를 하고선 옆자리에서 자는 동료를 흔들어 깨웠다. 부스스 눈을 뜬 사람은 나와 서 있는 사람을 번갈아 보더니 조용히 말했다.

"이 양반이 갖고 온 계란과 주먹밥, 역전서 무료 급식 주는 거 갖고 온 거네."

순간 나의 머리는 배고픔을 잊고 주먹밥과 삶은 계란을 거부했다. 음식이 든 비닐봉지를 말없이 바라보는 두 사람과 어쩔 줄 모르고 서 있는 한 사람.

그 이후로 비닐봉지를 거부한 둘이서만 어울리며 한 사람은 서서히 멀어져갔다.

|

어느덧 중학교 1학년 수준의 미술 공부가 끝나갑니다. 내년이면 2학년 정도 공부하겠군요. 빅판 생활하며 미술 공부하는 삶 행복합니다.

부부의 인연이 끊어져 남남으로 될 때는 어떤 마음일지.

1998년

올겨울 유난히 한파가 많이 찾아올 거라고 하는 일기예보를 보고선 긴장했었는데 작년과 비교해서 그저 그런 듯 느낍니다. 언젠가 잡지 구입하던 독자분과 추위 문제로 이야기를 나누다 제가 노숙의 길로 들어설 때의 이야기까지 나온 적이 있었습니다. 그 이야기를 서른다섯 번째 글로 드리겠습니다.

'서울역 노숙인' '금 모으기 운동' '대량 실업' '명예퇴직' 등 좋지 않은 글들이 신문과 방송에서 아주 쉽고 편하게 흘러나오고 있는 이곳은 대한민국이다. 그리고 이곳 대한민국에서 살아가고 있는 나는 지금 가방 하나만 둘러멘 '노숙인'이란 사람이지만 '노숙인'이란 단어가 느껴지지 않는 평범한 인상의 청년이며 옷차림도 그리 허름하지는 않다. 한마디로 '초보 노숙인'이라 하면 틀린 말은 아닐 듯하다.

아는 형의 집에서 나와 갈 곳도 없어 '서울역 노숙자'란 단어
를 떠올리며 무작정 서울역으로 향했다. 밤 아홉 시 무렵 서울역
지하도로 가보니 군데군데 '노숙인'이란 단어보다 술주정뱅이란
단어가 어울리는 사람들이 널브러져 있거나 몇 명씩 모여 앉아
무언가를 먹고 있는 중이었다.

그들의 틈바구니에 끼어들 엄두가 나지 않아 멀찍이 지하도
계단에 쪼그리고 앉아 멍한 눈으로 바삐 오가는 행인들을 쳐다
보다 꾸벅꾸벅 졸고 있을 때 누군가가 내 어깨를 툭 건드렸다. 화
들짝 놀라 쳐다보니 나이 육십 넘어 보이는 중년의 신사가 "힘내
십시오. 기도합니다" 하면서 무언가를 내 주머니에 넣어줬다. 신
사는 행인들 틈으로 사라졌고 주머니를 뒤져 꺼내보니 만 원짜리
지폐였다.

'내가 돈을 받다니.'

돈이 생긴 건 고마운 일이었지만 자존심은 날아갔다. 생긴 돈
으로 자리를 잡고 있는 다른 '노숙인'들에 합류하기로 마음먹고
역 근처 구멍가게로 갔다. 소주 세 병과 몇 개의 과자와 담배 두
갑을 사서 돌아와 그들이 있는 곳으로 엉기적거리며 다가갔다.
그들은 자신들의 영역으로 들어온 나를 거친 눈빛으로 귀찮다는
듯 노려봤다.

"제가 소주하고 안주 사 왔는데, 같이 술 한잔할까 해서 왔습
니다."

내가 공손하게 말하자 그들의 얼굴은 방금 전까지와는 다르게 환해졌다. 그들 중 힘 있는 듯한 한 사람이 자리를 마련해주면서 두세 명을 더 불러 모았다. 지하도 바닥에서 즉석 술판이 벌어졌고 시간이 갈수록 술판에 모이는 사람들이 늘어나며 빈 소주병도 늘어났다.

어느덧 사람들은 고성을 지르고 욕설을 내뱉으며 몸싸움을 하기 시작했다. 얻어맞는 사람과 때리는 사람은 있지만 말리는 사람은 없었다. 격투기 경기를 보듯 구경만 하는 사람들.

1998년, '노숙인'이란 이름표를 단 지 불과 몇 개월이었을 사람들은 그 몇 개월 사이 이렇게 변한 듯했다. 이것은 어쩌면 나의 미래인지도 모른다는 생각을 하며 취한 몸뚱이는 냉기가 가득한 지하도 바닥으로 무너져 내렸다.

|

서울역서 하루를 지내고 '이곳은 아니다' 생각되어 벼룩시장 신문을 뒤져 숙소가 있는 인력 사무소를 찾아 성남으로 떠났습니다.

나는 생각한다. 생각하는 건 힘이다.

거칠지만 따뜻한

올해도 시간이 가면서 마음먹은 것과는 다르게 흘러가는
듯해 긴장의 끈을 늦추지 않아야겠다고 생각합니다. 저는
오랜 세월 인력 잡부 일로 생활했었는데요. 거친 직업의
사람들도 배려심은 많다는 생각이 들어 서른여섯 번째
이야기로 드리겠습니다.

내가 살아나는 시간은 새벽 다섯 시 정도다. 그러나 매일 살아
나지는 않으며 정신이 온전해지는 날만 일어난다. 오늘은 꼭 살
아나야만 하기에 이불이자 하룻밤 집인 종이박스를 거두어버리
고선 인력 사무소를 향해 발걸음을 옮겼다.

초봄이지만 바람이 많이 불어 한겨울 같은 추위가 옷 안으로
속속 파고들면서 빠져나갈 생각을 않는다. 지난 사흘 정도를 제
대로 자지도 먹지도 못해 오늘 나의 몸 상태는 일할 준비가 되어
있지 않다. 몇 푼의 돈이라도 있다면 당장 24시 사우나로 달려가

서 모든 걸 잊고 죽은 듯이 드러누워 있고 싶다. 하지만 현실은 담배 몇 개비와 버스비로 써야 하는 천 원짜리 지폐 몇 장이 전부인지라 인력 사무소 문을 열고 들어갔다.

안에는 십여 명 정도의 노동자들이 있었다. 소장은 나를 시큰둥하게 쳐다보고선 이곳저곳에 전화를 했다. 노동자들이 많이 나오지 않아 일 나갈 가능성이 커 보여 조금 기쁘기도 했다. 소장의 호명에 노동자들이 하나 또는 여럿이 일터로 떠나면서 사무소 안은 한산해졌다.

나를 포함해 남은 세 명이 일곱 시가 넘도록 소장의 입술만 초조하게 바라보고 있을 때, 사무실 전화벨이 울렸다. 소장은 전화한 상대방과 흥정을 하고 나선 남아 있는 세 명을 부르고 위치를 알려주며 "오늘 할 일은 현장 철거 작업입니다. 두 사람만 필요하다는 걸 부탁해서 세 명 모두 보내기로 했으니까 일 잘해주고 오세요" 하고 말했다. 철거 작업이라는 말에 내 몸은 일의 강도를 기억해낸 듯 물에 젖은 솜뭉치처럼 더 무거워졌다.

우리는 아침 여덟 시쯤 현장에 도착했다. 업주가 "식사하고 오세요" 하며 식대를 주어 아침을 먹고 나서 작업을 시작했다. 우리가 해야 할 작업은 마대 속에 담긴 건설 현장의 쓰레기를 건물 밖으로 옮겨 폐기물 수거 차량까지 실어 나르는 일이었다. 오랜 노동으로 단련되었을 텐데도 오전 열 시가 지나면서부터는 몸이 시름시름 앓기 시작했다.

정신력으로 버티려고 했지만 몸뚱이는 인형처럼 제각각 놀면서 조절할 수 없어졌다. 결국 업주에게 "제 몸이 견디지 못하는 것 같아 일 더 못할 것 같습니다"라는 부끄러운 말을 했다. 업주는 나를 물끄러미 보고서는 "이왕 나온 거 하루 슬슬 하시죠. 젊어 보이는데 몸 관리 잘하시고요" 하고 말했다.

못하겠다는 말에 나무라며 가라고 할 줄 알았는데 뜻밖의 말을 들어 놀랐다. 업주는 자신이 쥐고 있던 빗자루를 나에게 주면서 일 마칠 때까지 폐기물 수거 차량 주위를 청소하라며 쉬운 일로 나를 배려해줬다. 그렇게 오후 다섯 시에 철거 작업을 마쳤다. 업주는 우리에게 식사하고 가라며 저녁 식대를 쥐어줬다.

|

홈리스들은 불규칙하고 궁한 생활로 인해 일반인에 비해 체력이
현저하게 떨어집니다.

지하철 역내를 청소하는 미화원을 멀리서 보았다.

오백 원의 한 끼

나잇살인지 아니면 운동 부족인지 몸이 갈수록 불어납니다. 몸이 늘어져 보이는 것도 여러 가지로 창피하게 느껴질 때가 있습니다. 서른일곱 번째로 드릴 글은 음식에 관한 이야기면서 빅판으로 산 지 며칠 안 됐을 때 이야기입니다.

나는 배고픔에 익숙해져 있으나 육체의 요구를 거부하지 못하는 사람이다. 잡지를 판매하는 것은 그림자처럼 따라다니는 배고픔을 해결하기 위해서이며 또 버리고 싶어도 쌍둥이처럼 따라오는 고독 때문이기도 하다. 빅이슈 사무실에서 잡지를 구입하고 나서 점심을 먹으려고 보니 수중에는 만 원 정도의 돈이 있었다.

점심 한 끼를 해결하고 담배를 사고 나면 잡지 판매하며 거슬러줄 잔돈이 없을 듯했다. 그래서 생각해낸 방법이 무료 급식으로 점심을 해결해보자는 것이었다. 사무실에 있는 빅판들을 둘러보며 "가까운 곳에 무료 급식하는 데 아시는 분 있나요?" 하고 말하자 빅판들은 나를 쳐다봤고, 한 빅판은 "잡지 판매하면서 무료 급식을 왜 합니까?" 하며 매서운 눈빛을 보냈다.

"그건 여유 있는 사람들 이야기고, 나는 지금 여유가 없어 하는 말이오" 하며 그 빅판과 나 사이에 냉기가 흐를 때 또 다른 빅판이 내게 다가왔다. 자신이 영등포역에 있는 '토마스의 집'에서 간혹 점심을 하는데 같이 가자는 것이었다.

함께 영등포역으로 걸어가는 중에 그 빅판은 "토마스의 집은 무료가 아니고 오백 원을 줘야 합니다" 하고 말했다(현재는 이백 원입니다). 그 말을 듣고 '한 끼 가격이 싼 것이지 무료 급식은 아니지 않은가' 하는 생각에 가라앉았던 자존감이 살아나며 기분이 좀 나아졌다.

토마스의 집에 도착하니 이미 많은 홈리스들이 줄을 서서 기다리고 있었다. 줄은 얼핏 봐도 백여 미터 이상은 돼 보였다. 뒤꽁무니에 줄을 서서 기다린 지 한 시간 정도가 흘러 드디어 내 차례가 왔다. 식당 입구를 지키고 있는 사람은 "식사하시려면 오백 원을 주셔야 합니다"라고 외치고 있었다.

그 사람에게 오백 원을 주고 식당에 들어서니 좁은 공간이 사람들로 혼잡했다. 배식은 식사를 마친 사람이 일어서면 곧바로 음식이 든 새 식판이 그 자리에 놓이면서 사람만 앉으면 되는 방식이었다.

자리에 앉자마자 주위에 흐르는 바쁜 공기 탓에 음식 맛은 음

미할 겨를도 없이 정신없이 목구멍으로 넘겼다. 곧 옆자리가 비면서 다른 사람이 앉았다. 새로 앉은 사람은 꽤나 오랫동안 씻지 않은 듯했다. 그가 움직일 때마다 머리에 붙어 있는 비듬인지 먼지인지가 내 식판 위로 떨어졌다. 그걸 본 내 위장은 음식을 거부하기 시작했지만 차마 음식을 남길 수는 없는 일이라 양념이려니 생각하며 식판을 비웠다.

토마스의 집에서 자원봉사로 음식을 대접해주는 분들을 지금도 존경하고 있습니다. 저라면 그렇게 봉사하는 마음을 가질 수 있을지 의문을 품은 채로⋯.

샐러리맨의 하루.

아버지와의 짧은 재회

제가 세상을 살아오면서 마음이 쓰린 건 결혼 생활이 없어 아버지란 이름으로 살아보지 못한 것입니다. 그래서 아버지가 저를 보며 느꼈을 감정이나 부성애를 저는 알지 못합니다. 어려서 헤어진 아버지를 이십 대 초반이 된 즈음 재회한 적이 있는데 그때 이야기를 해보겠습니다. 서른여덟 번째 글입니다.

나는 조각을 알고 싶어 배우면서 일하는, 조형물 회사에서 조수 겸 직원으로 있는 젊은이다. 하지만 말이 좋아 예술 작업이지 그 속을 들여다보면 3D 업종의 하나로 거칠고 지저분한 일이거니와 돈벌이도 형편없어 생계만 유지하는 중이다.

어느 날, 어린 날에 헤어지고 지금껏 보지 못했던 아버지가 어떤 경로로 내가 있는 곳을 알았는지 제주도에 올 일이 있으면 한번 보자는 전화가 왔다. 이미 잊은 아버지였고 분노와 실망도 갖고 있었지만 그 전화를 받고서는 기억에도 희미한 좋은 추억들이 살아나 아버지에 대한 감정은 풀어지면서 분노도 사그라졌다.

시간을 내서 제주도에 갔다. 제주공항에 도착하니 아버지는 어린 시절 기억 속에 남아 있는 모습으로 마중을 나와 있었다. 첫눈에 서로를 알아보았지만 감정을 억누르는 건지 아니면 식어버린 건지 무덤덤한 재회였다. 아버지는 택시를 부르고 자신의 일터이자 숙소로 가자고 했다.

택시는 서귀포에 있는 한 건설 현장으로 달려갔다. 아버지는 그곳에서 현장 경비원으로 근무하고 있었다. 그곳에 있는 함바집(건설 현장 식당)으로 가서는 늦은 점심을 하면서 함바집 종업원들에게 나를 능력 좋은 아들로 포장하며 소개했다.

"이 애가 내 둘째 아들입니다. 지금 서울에서 미술 회사인가를 다니는데 그곳에서 없어서는 안 될 유능한 직원이라고 칭찬이 많습니다."

아버지는 자신의 아들을 보란 듯이 추켜세우며 자랑했다. 함바집 종업원들은 아버지와 나를 번갈아 보며 "임 씨 아저씨, 홀몸인줄 알았는데 다 큰 아들이 있었군요"라고 한마디씩 하면서 나를 훑어봤다.

조금 후에는 아버지의 젊은 상사들인 건설 회사 직원들이 오후 새참을 먹으러 함바집으로 왔다. 아버지는 그들에게도 식당 종업원에게 했던 말을 똑같이 하며 뿌듯한 표정을 지었다. 건설 회사 직원들은 "예술가 아드님이시군요" 하고 건성으로 맞장구치며 웃어 보였고 나는 속으로 '아버지, 제가 하는 일은 육체노동의 하나일 뿐입니다' 하며 부끄러운 마음을 빨개진 얼굴로 내보였다.

아버지는 나를 데리고 다니면서 주위에 있는 모든 사람들에게 자신에게도 장성한 아들이 있다는 것과 그 아들이 하고 있는 일이 (내 속마음과는 다르지만) 대기업 직장이나 공직에 있는 것에 뒤지지 않을 만큼 비전 있는 일이라는 사실을 떠들었다.

그 이후 한국에는 외환 위기가 찾아왔다. 이제는 내가 면목 없는 사람이 되어 아버지를 잊어버리고 이십여 년을 흘러왔고 결국 현실에서도 영원히 아버지를 잃어버린 사람이 되었다. 나는 만나고 헤어지길 반복했던 아버지의 마음을 모른다. 아버지란 이름으로 지내지 못하는 지금, 자식에게 가지는 아버지 마음이 어떤 건지도 알 수 없다.

|

아버지와의 관계는 나이 오십이 넘어서도 편하지 않습니다.

편해지기엔 이미 가족이란 단어가 가슴속에서 사라진 듯합니다.

길 떠나는 가족. 어느 날 어머니가 생각났다.

팔각정 빨래방

셀프 빨래방을 이용해봤는데 좋더군요. 제가 홈리스로
전국을 다닐 때 옷 세탁 문제로 고민하며 지낸 적이 적잖게
있었습니다. 그때의 일 중 떠오르는 기억이 있어 서른아홉
번째 글로 드리겠습니다.

노숙하며 하층민 노동자로 살아가는 두 사람이 편의점 밖에
놓인 테이블에 여유롭게 앉아 있고 바닥에는 배낭이 놓여 있다. 배
낭 속에는 작업복, 안전화, 장갑, 세면도구 등 자잘하지만 생존에
필요한 것들이 들어 있다. 나는 단벌옷만 입고 다니는 사람으로
하루 노동 일을 하면 받은 일당으로 양말, 팬티 등을 사서 갈아입
고 입던 내복은 버리곤 했다. 돈이 더 여유 있을 때는 겉옷까지
사서 갈아입고 입던 옷은 작업복으로 사용했다.

5월을 지나며 대지는 하루가 다르게 데워지고 있지만 아직까
지 거추장스런 내복을 입고 지내고 있다. 내복에선 길거리 냄새

와 땀내가 뒤섞여 몸은 거북하고 기분은 침울해도 밤이 되면 오는 추위와 싸우고 싶은 마음은 없어 벗지 않고 있다. 그래도 냄새로 인해 내 정체가 탄로 나는 옷을 세탁하고 싶은 마음은 있다.

컵라면으로 아침 온기를 채우면서 오가는 학생과 직장인 들을 무심히 또는 부럽게 바라보다가 이곳 천안을 잘 알고 있는 십여 년 어린 동료에게 물었다.

"입고 있는 내복 세탁하고 싶은데 적당한 곳 없을까?"

"옷 세탁이요? 여기서 사십 분 정도 걸어가면 공원 있는데 그곳에서 할 수도 있습니다."

"가보자고. 옷 세탁하며 공원에서 하루 보내고 새벽에 인력 사무소 가면 되겠네."

우리는 편의점에서 하루 요기할 음식을 사서 공원으로 향했다. 좁은 숲길을 따라 한참 걸어가니 드문드문 나무들이 있는 공터가 나타나면서 팔각정이 보였다. 정자에 이르렀을 때 내 눈은 휘둥그레졌다. 팔각정 주위 나뭇가지 여기저기에 골동품 같은 옷들이 널려 있고 정자 안에서는 인기척도 느껴졌다.

"이곳이 노숙하는 노동자들이 옷 세탁하는 빨래터이자 자유롭게 쉬는 공간입니다."

동료는 씩 웃었다. 그의 말에 맞장구치고 나서 배낭 속에서 땀내와 먼지로 뒤섞인 작업복을 꺼내고 입고 있던 내복도 벗었다. 그러고 나서 팔각정 주위 수돗가로 가 비누를 안 사 온 걸 후회하며 물로만 옷을 세탁하고 있을 때, 우리들의 소란에 깨었는지 정자 안에 있던 사람이 불쑥 말했다.

"형씨들, 수돗가 주위에 내가 쓰던 비누 있으니 찾아 사용해도 됩니다."

그 말이 끝나고 나서 정자 안은 다시 조용해졌다. 덕분에 비누로 옷을 세탁하고 주위 나뭇가지에 널어놓았다. 그러고 나서 편의점에서 사 온 음식을 비누 주인과 같이 먹으려고 정자 안으로 들어섰다. 마른 체형의 비누 주인은 사각팬티만 입고 엎드려 누워 있었는데 몸에는 문신들이 보였다. 문신이라고는 하나 하트 무늬나 영어로 쓴 '러브' 등 조잡하게 새긴 것들이어서 쓴웃음이 나왔다. 그러나 상대방이 어떤 이력의 사람인지 모르기에 조금은 긴장되기도 했다. 우리는 어느새 하루의 룸메이트가 되어 있었다.

|

홈리스들은 서로가 많은 경계심을 갖고 있는 한편 쉽게 어울리기도 합니다. 그러나 헤어질 때는 말없이 가버립니다.

퇴근길, 사람들의 발걸음이 가볍다. 오늘도 즐겁게 지냈기를….

노숙인 쉼터

노숙인 쉼터에 잠시 머물던 시절 같이 지냈던 사람을
판매지에서 우연히 만났는데 서로의 안부를 간단히 묻고는
헤어졌습니다. 그는 제가 잡지 판매하는 걸 소문으로
들어 알고 있더군요. 마흔 번째 글은 쉼터에 입소하기 전
이야기입니다.

노숙인 쉼터에서 생활해보려고 한다. 다른 홈리스들이 쉼터 생활은 교도소나 마찬가지라는 말을 가끔씩 하기에 정말일까, 하는 호기심도 없지야 않지만 큰 이유는 주소지 확보로 주민등록증을 복원해 유령 같은 존재가 아닌 국민이 되고 싶다는 것과 또 중요한 잠자리를 고정적으로 해결해보자는 데 있다.

내 위에게는 미안하지만 아직까지 무료 급식이 달갑진 않아서 노동 일로 이겨나갈 생각이다. 정신이 죽어가고 있는 홈리스이자 노동자인 삶의 돌파구를 찾고 싶다는 기대감도 있다.

피시방에서 노숙인 쉼터를 검색하다 한 곳에 전화를 했다.

"여보세요, 노숙인 쉼터죠? 입소하려고 전화드렸습니다."

들려오는 남성의 목소리는 "한번 이곳에 찾아오세요. 저희는 상담을 하고 나서 결정합니다" 하고 말했다. 노숙인 쉼터에 입소하는 것도 상담을 하고 나서 결정한다는 것에 고개가 갸우뚱했지만 찾아가서 이야기 나누고픈 생각이 들었다.

상대방에게 쉼터 위치를 자세히 전해 듣고 길을 나섰다. 초등학교 옆에 있는 주택가로 접어들어 찾아보니 붉은 벽돌로 이루어진 평범한 다세대 주택이 있었다. 짙푸른 녹색의 철제문 옆에 붙어 있는 초인종을 누르고 "입소로 전화했던 사람입니다" 하고 말하자 문이 열렸다.

안으로 들어서니 안경 쓴 사십 대 초반의 남성이 맞이하며 "길 찾는 데 어렵지 않으셨나요?" 하고 인사했다. 그러고는 "욕실에서 발 씻고 나서 사무실로 오세요" 하며 새 양말 한 켤레를 건네줬다. 스스로는 약간 더러운 몰골의 노동자 정도로 알고 지냈는데 이곳에선 나를 홈리스로 확신시켜줘서 씁쓸하고 처량했다.

발을 씻고 사무실로 가니 쉼터 직원은 자리를 권하며 마주 앉고는 홈리스로 살아온 시간 등을 질문했다. 그러고 나서 "이곳은 밤 열 시가 되면 출입문을 잠그고 열어주지 않습니다. 방 하나에 평균 서너 명이서 생활하고 술을 먹고 오시면 두 번 적발 시에 퇴소 처리됩니다"라며 쉼터의 규칙을 설명했다.

나는 생활해보기로 마음먹었던바 규칙을 잘 지키겠다고 말하자 직원은 나의 주민등록번호와 이름을 적고 나서 컴퓨터에 앉아 입력하다가 고개를 갸웃거리면서 말하였다.

"선생님, 등록이 안 되어 있는데요. 선생님 성함이 서울시 노숙인으로 등록 안 된 상태입니다."

알고 보니 노숙인 쉼터에서 생활하려면 서울시에 '노숙인'으로 등록이 되어 있어야 한다는 말이었다. 다음 날 등록하기로 하고 나서 일단 방을 배정받았다.

살아온 삶을 알지 못하는 쉼터 사람들 틈바구니에 누워 있으니 나이 사십에 인생 끝으로 간듯 스스로를 연민하기도 했다. 내일부터 쉼터 위로 떠오르는 해는 나의 해로 만들어갈 수 있을까?

|

이곳에서는 주소만 등록해놓고 며칠 지내다 고시원으로 갔다가, 다시 돌아가 몇 개월 생활했습니다.

살아가는 방식은 다들 다르다.
어쨌거나 나는 현재 살아가는 중이다.

가족 2

오랫동안 소식을 모르던 여동생과 몇 개월 전 통화를 한 적이 두 번 있는데 그 이야기를 마흔한 번째 글로 드리고 싶습니다. 해체된 가족을 그리워만 하다 이렇게 찾게 된 것은 분명하게도 제가 잡지 판매 일을 하며 미술 작가의 꿈으로 가고 있기 때문인지라 빅이슈와 독자분들께 감사드립니다.

판매지에서 잡지 판매 준비를 마치고 습관적으로 스마트폰을 만지작거리다 사촌 이름이 떠올라 페이스북을 뒤적였다. 사진 속 인물을 유심히 살펴보니 어렸을 때 모습이 남아 있어 기억할 수 있는 사촌이었다. 정보란에 회사 이름이 적혀 있어 회사를 검색해 사촌의 회사로 전화를 했다. 사촌은 출장 중이었고 나는 연락처와 이름을 알려주고서 전화가 오기를 기다렸다.

며칠 후, 사십여 년 세월 타인이었던 사촌에게서 전화가 왔다. 나는 마치 오랜 세월 왕래하던 사람처럼 용건을 말하였다.

"사촌, 혹시라도 내 동생 연락처를 알 수 있을까?"

사촌은 몇 십 년 동안의 내 가족에 관한 큰일들을 담담히 이야기하면서, 동생이 십여 년 전 아버지가 돌아가셨을 때 한 번 오고 나서는 연락이 없다며 연락처를 모른다고 말했다.

"결혼했다가 몇 년 전에 이혼했다는 말도 들었는데…."

그러고서는 현재 나의 이야기를 알려달라 하기에 그동안의 삶을 말로 하기가 부담스럽고 창피하기도 해서 "인터넷으로 빅이슈와 내 이름 검색하면 나에 대해서 나올 거네. 지금도 내가 하고 있는 일이기도 하며…"라고 말하고 우리는 또다시 타인처럼 지낼 듯 통화를 마쳤다.

동생의 연락처를 못 찾아 실망한 채로 시간은 흐르고…. 어느 날, 전화벨이 울려 확인해보니 앞자리가 생소한 지역 번호로 시작하는 전화였다. 생각 없이 받은 전화에서는 낯선 여자의 목소리가 들려왔는데 내 머리는 그 목소리가 여동생의 목소리라고 분명하게도 확신을 주어 가슴이 벅차고 울렁거렸다.

목소리의 주인은 나의 이름을 확인하고서 자신이 동생이라고 말했다. 뒤이어 공중전화로 걸었다는 말을 하던 중에 갑자기 전화가 끊겼다. 금방 다시 오리라 생각했지만 전화벨은 며칠이 지나도록 울리지 않아 기쁨으로 살아났던 내 모습은 다시 어두워졌다.

'왜 공중전화로 전화를 했고 다시 연락이 안 올까?'

시간이 지나며 궁금증은 불안으로 변해가면서 동생의 현재 삶을 어려운 모습으로 그리게 만들었다. 그렇게 지내던 어느 날, 동생은 다시 공중전화로 전화를 걸어왔다.

"오빠, 어디 아파? 어디 아프냐고."

뜬금없는 말을 하기에 내가 〈빅이슈〉 잡지 판매하는 것을 알고 있으며 그게 불편한 건가 싶기도 했다.

"안 아파! 핸드폰 번호 알려줘. 왜 공중전화로만 하는 거야? 내 사정 자세히 보여 줄 테니 한번 만나."

나는 매달리듯 말했지만 동생은 핸드폰이 수리 중이라면서 다음에 전화하겠다는 말을 남기고 끊었다.

또 오겠지. 오길 바라야지. 공중전화라도.

|

한 달 정도 지난 후에 핸드폰으로 전화가 왔고 동생과의 끈은

연결됐습니다.

제주도 어영. 동생을 데리고 놀러 가던 길.

구 빅판

안 좋은 첫인상에 거리를 두며 불편하게 지내다가
알아가면서 호감으로 다가서게 된 인연이 있는지요? 저는
빅판 일을 하는 동료 중에 한 사람이 있습니다. 언젠가 우리
중에 누군가가 빅판 일을 그만둔다면 인연이 희미해질지도
모르겠습니다만, 현재는 동료이면서 친구인 한 사람과의
이야기를 마흔두 번째 글로 써보도록 하겠습니다.

　　그는 '봄날밴드'의 드러머이자 빅판을 하는 사람이다. 음악에
열정을 갖고 추구하는 신념도 강한 친구다. 〈빅이슈〉 때문에 알
게 된 이 친구와의 인연은 삼 년이 지난 지금까지 이어져오고 있
다. 구 빅판은 빅이슈 판매원들 중 최고참급에 속했는데 이 친구
와 나의 관계가 처음부터 좋았던 것은 아니었다.

　　그는 나보다 한 살 위였는데 빅이슈 사무실에서 일명 '규율맨'
인 듯 느껴졌다. 어디에 지뢰가 묻혀 있는지 모르기에 애초부터

그 길을 피하는 것처럼, 우리는 서로를 불편해하면서 살얼음판을 걷는 관계로 지냈다.

빅판 생활을 한 지 한 달 정도 흐른 어느 날, 구 빅판과 나는 사소한 문제를 가지고 말다툼을 하게 되었다. 결국 지뢰를 밟아 뇌관이 폭발하는 순간이 다가온 것이다.

"임 빅판은 나보다 나이도 어린 사람이 왜 툭하면 반말합니까? 조심하세요."

듣기에 따라서 내 말투가 오해를 살 수도 있다는 걸 알고 있었지만 나도 그동안 갖고 있던 불편한 감정이 튀어나와 "뭐요? 내가 언제 구 빅판에게 반말했습니까? 그리고 조심하라니요?" 하며 강하게 반발했다. 서로 목소리를 높이며 몸싸움 일보 직전까지 갔을 때, 판매국 직원이 건너편 사무실에서 급히 나왔다.

"두 분 왜 사무실 분위기 얼어붙게 말다툼하세요? 이유가 뭔데요?"

우리가 반말 문제로 시비가 붙었다고 하자 직원은 "에이, 왜 그러세요, 애들도 아니고. 객지에선 십 년까진 친구라는 말도 있는데 화해하고 지내시죠" 하며 웃으면서 우리를 화해시키려 했다.

그 후로 우리 두 사람은 물과 기름같이 섞일 수 없는 시간을 보내면서 지내다가 사무실에서 마주쳐도 길에서 마주치는 타인처럼 서로를 대하며 지냈다. 그동안 나는 이태원역으로 판매지를 옮기게 되었다.

이태원역은 거주지에서 전철로 한 번에 갈 수 있어 편하고 판매량도 될 듯싶었지만 하루 평균 서너 권의 저조한 판매가 계속되어 작업 비용은커녕 생계도 어려운, 희망이 무너져 내리는 상황으로 흐르게 되었다.

이태원 판매지로 옮긴 지 한 달 정도 흘렀을 즈음 판매지 조정 문제로 빅이슈 사무실에서 국장과 면담을 하려 할 때였다. 구 빅판이 불쑥 사무실로 얼굴을 내밀더니 말했다.

"국장님, 임 빅판 괜찮은 자리로 배정 안 될까요?"

내 눈은 똥그래졌고 구 빅판은 가방을 둘러메더니 자신의 판매지로 유유히 떠났다. 나는 구 빅판이 한 말에 놀라면서도 눈에 가려져 있던 구 빅판의 새로운 모습에 친구를 얻은 듯 기쁘기도 했다.

|

구 빅판과는 간혹 서로 애로 사항도 토로하는 친구로 지내고 싶으며

한낱 이익 친구로 지내고 싶은 마음은 없습니다.

봄날밴드의 리더, 붉은 가방을 메는 빅판 친구.

주거침입

어느 일요일 오후에 영등포구청역에서 몇 명의 빅판들과
약속을 잡고 만난 적이 있습니다. 약속한 사람이 모두
모일 때까지 먼저 와 있는 빅판들과 이야기하면서 주위를
둘러보는데 공원 벤치들이 두세 줄로 가지런히 놓여 있어서
누워 자기엔 안성맞춤이라는 말을 했고 그 말을 시작으로
서로들 과거의 에피소드를 말한 적이 있습니다.
마흔세 번째 글은 그날 제가 동료들에게 들려주기도 했던
어느 한겨울의 이야기입니다. 그때는 아주 단순히 추위를
피한다는 한 가지 목적만 생각하며 지내는 시간이기도
했습니다.

"아저씨, 이곳에서 잠자면 안 됩니다. 시간도 끝났고 일어나세요."
어깨가 흔들리면서 꿈인 듯한 말소리가 들려 긴장 속에 눈을
떠보니 내 좌석의 컴퓨터는 꺼져 있고 피시방 주인이 옆자리를

청소하면서 나를 노려보고 있다. 아무런 대꾸 없이 바닥에 놓인 작은 배낭을 주섬주섬 메고 벗어놨던 안전화를 신기 시작하자 피시방 주인은 무시하는 말투로 한마디 더 퉁명스레 늘어놓는다.

"아저씨, 아저씨 주위에서 이상한 냄새가 난다며 손님들이 나가면서 뭐라 합디다. 다음부터 이곳에 오지 말았으면 좋겠습니다."

나는 주인을 쳐다보곤 싱거운 웃음을 지어 보이며 건물 밖으로 나왔다. 바깥 공기는 피시방에 있을 때와는 다르게 한겨울이라고 알려주면서 뼈와 살을 제각각 분리하기 시작했다.

'이 정도 추위면 지하도 문 열 때까지 공원 벤치에서 기다리다간 얼어 죽기 딱 좋네.'

돈이 바닥나는 막바지에 간혹 써먹는 수법은 건물 안에 숨어 들어가 하룻밤을 지내는 것이다. 주변 건물들을 살피고 들여다보면서 무작정 길을 걸어갔다. 그러나 숨어 지낼 공간이 있는 건물은 마땅히 보이질 않아 계속해서 가다 보니 전에 몇 개월을 지냈던 고시원이 있는 건물이 보였다.

뭔가에 이끌리듯 고시원이 있는 건물 이 층으로 올라가 사무실 문을 조심스레 노크했다. 하지만 사무실에서는 인기척이 없어 고시원 원장에게 하룻밤만 통사정할 계획은 틀어졌다. 건물 안을 서성이다 혹시나 해서 전에 지냈던 호실을 찾아 슬며시 방문을 열어보니 잠겨 있지 않아 쉽게 열렸다. 한 평짜리 방 안은 사람이 사는 흔적 없이 병원에 있는 것 같은 조그마한 침대와 작은 텔레비전 한 대가 덩그러니 놓여 있었다.

나는 이것이 주거침입인 줄 알고 있었지만 마치 계속 사용해왔던 방처럼 염치없게도 드러누웠다. 중요한 것은 따스한 곳에 누워 있는 것뿐이었기에 옳고 그름을 따질 겨를도 없었다.

그러나 마음속에 양심은 살아 있는지 죄스런 긴장 속에 잠 못 이루고 누운 상태로만 밤을 새우다 새벽이 다가오는 시간에 방 안 흔적을 지우고서 고시원을 빠져나왔다.

환경이 사람을 만들어버리는구나.

|

다음 날, 그 고시원을 찾아가 일주일 단위로 방세를 계산하기로 하고

두 달 정도 지냈습니다.

가끔 고양이 집을 침입하며 지낸다는 생각을 하기도 한다.

오산

얼마 전 〈인천상륙작전〉이라는 영화가 상영됐는데요.
평론가들은 이 영화를 애국심 마케팅이라는 등 혹평했지만
흥행은 성공적인 듯해서 평론가와 관객들의 평가는 엄연히
다른 것 같다는 생각이 들었습니다. 마찬가지로 그림이나
조각도 유명세나 평론보다 감상하는 사람이 느끼는 바가
중요하다 말하고 싶습니다. 마흔네 번째 글입니다.

삶을 버리고 가방 하나 멘 홈리스로 전국을 다니는 사람에게
서 휴머니즘을 찾으려 한다면 마치 고양이와 쥐를 한곳에 가두고
사이좋게 지내길 바라는 것처럼 우매하다.

미군 공군기지가 있다는 오산에 왔다. 내가 전철로 이곳에 내
린 이유는 다름 아닌 벼룩시장 구인란에서 본 '인력 잡부 모집 숙
소 제공'이라는 한 줄 때문이다. 서울과 그 근방은 갈수록 숙소를
제공하는 사무실이 보이질 않아 이곳까지 내려오게 됐다.

그러나 그 숙소도 분명 일을 하면서 사용료를 지불해야 할 것이고, 숙소에 기거하는 사람들은 전국 각지에서 모인 감당하기 버거운 자들이란 것을 나는 알고 있다.

인력 사무소에 전화하고서 오후 여섯 시쯤 찾아가니 소장은 말소되어버린 내 주민등록증을 무심하게 복사하고는 숙소에 지내는 사람이 일 마치고 올 거라며 기다리라 했다. 이십 분 정도 지나고 나서 오십 대 정도로 보이며 마른 체형에 키는 나와 비슷한 사람이 왔다. 인상은 삶의 풍파를 많이 겪은 듯하고 말투는 조선족처럼 들렸다. 그와 함께 인력 사무소에서 걸어서 이십 분 거리에 있는 숙소로 향했다. 숙소는 슬레이트 지붕의 허름한 판잣집이었는데 헛간을 개조한 것 같기도 했다.

잠시 후 한 사람이 더 와서 숙소엔 세 명이 마주하게 되었다. 그 사람은 나이가 더 들어 보였고 체격은 큰 편이었다. 강해 보이는 몸 때문인지 인상 또한 거칠어 보였다. 이 사람도 조선족인 듯했고 나와 함께 숙소까지 걸어온 사람은 이 사람을 깍듯이 대했다.

우리는 첫날의 어색함을 소주와 고량주로 희석시키려 했다. 술의 공기가 방 안을 덮을 무렵, 건장한 사내는 자신의 과거를 거리낌 없이 말하기 시작했다. 중국에서 폭력배 생활을 했다고도 하는 그는 한국전쟁 때 중공 의용군으로 참전해서 전투를 치렀으며 전투 중 포로가 된 군인을 곧바로 총살해버렸다는 이야기도 했다. 그러면서 자신이 총살한 군인이 죽기 전에 살고자 하며 비굴하게 굴었다는 말도 했다. 그 말을 듣고 나는 알 수 없는 분노를 느끼며 "이런 나쁜 놈이 있나. 그렇게 하고서도 이 나라에 돈 벌러 오는 거냐?" 하며 큰소리로 욕을 했고 급기야 몸싸움이 벌어졌다. '내가 이 자에게 굴복하면 이곳에서도 홈리스로 산다'는 생각에 두 시간도 넘게 끝이 안 보이는 거친 싸움이 이어졌다. 결국은 다른 한 사람이 경찰에 신고하면서 싸움은 막을 내리고 우린 경찰서로 끌려가 각자 조사를 받게 되었다.

경찰서에서 나의 조서를 꾸미던 형사는 싸움의 이유를 알고 나서는 내게 채웠던 수갑을 풀어주며 동료에게 소리쳤다.

"여, 김 형사. 이 사람과 같이 온 사람 수갑 더 조이고 의자에 묶어놔."

건장한 사내는 불평하듯 자신의 국적은 중국이라며 요란하게 항의했고 우리는 아침이 되어서야 경찰서 밖으로 나갈 수 있었다.

|

결국 쌍방폭행으로 벌금형이 나왔습니다.

1차 세계대전, 참호전 나가기 전 어느 독일 병사.

팬

하루는 대학생들이 찾아와서는 학보에 실을 거라면서
대화를 원해 즐겁게 인터뷰한 적이 있습니다. 빅판을 하게
된 이유와 애로 사항 등 늘 듣던 질문을 듣고 늘 하던 대답을
해주었습니다. 빅판 생활을 하면서 기억에 남는 독자가
있는지를 물어온 게 마지막 질문이었는데 저는 곧바로 답을
주지 못하고 어영부영 인터뷰를 마쳤습니다. 마흔다섯 번째
글입니다.

이십 년 넘게 메거나 들거나 하며 다니는 배낭이 거추장스럽
다. 예전과 달라진 점이 있다면 지금 메고 다니는 배낭은 붉은 색
이며 그 안에는 붉은 조끼와 붉은 모자와 잡지들로 가득 차 있다
는 것 정도다.

오후 네 시가 넘어 판매지에 나왔다. 지정된 자리에 잡지를 주
섬주섬 깔아놓고 나서 멍하니, 또는 판매량에 대한 기대를 가지

고 오가는 사람들을 쳐다보았다. 그 사람들 틈에 가끔씩 반갑게 인사를 하며 잡지를 구입해가는 사람들이 있었다. 잠시 즐거운 얼굴로 잡지를 판매하고선 또다시 평범한 일상처럼 무표정으로, 또는 기대감으로 사람들을 쳐다보고 간혹 그림도 그리며 시간은 또 흘러갔다.

하루의 판매가 파장으로 향해갈 무렵 한 여성분이 잡지를 구매하러 왔다. 하루를 끝마치는 마당에 잡지가 팔린다는 것은 즐겁고 행복한 일이다. 정리를 하려다가 '오늘은 늦게까지 판매가 되려나? 한 시간만 더 해볼까?' 하는 마음이 들어 한 시간 더 자리를 지켰다. 그 한 시간 사이에 한 권이 더 팔렸고 이제 정말 정리하려고 마음먹었을 때, 한 시간 전에 잡지를 구매해 간 분이 다시 와서 말했다.

"저 아까 전에 잡지 구매한 사람인데요. 잡지 뒷면에 복사한 거 선생님이 쓰신 거예요?"

"제 과거 이야기를 쓴 겁니다."

"그럼 잡지마다 내용도 다른가요?"

그렇다는 대답에 독자는 내가 갖고 있던 과월 호 잡지들을 한 권씩 구매해 갔다.

시간은 흘러 신간이 나오는 날짜가 됐다. 나는 평소처럼 붉은 가방 속에 잡지를 채우고 판매지에 도착해서 펼쳐놓았다. 신간이라 잡지는 그럭저럭 팔려나갔다. 밤 여덟 시가 넘었을 무렵 과월 호들을 사 갔던 독자가 찾아왔다. 잡지를 구매하며 "저 전에 구매했던 사람인데, 아세요?" 하고 묻기에 "기억하고는 있습니다" 하고 대답했다. 그러자 독자는 얼굴을 약간 붉히며 "저 선생님 팬이에요. 새로운 잡지 나올 때마다 올게요" 하는 말을 남기고는 떠나갔다.

'팬? 팬이라고?'

나는 어리둥절해지면서 난생처음이자 앞으로도 다시 듣지 못할 것 같은 말을 들어버린 것처럼 기분이 황송했다. 나에게 어울리지 않는 말이라 부끄럽기도 했다.

하루하루가 지나면서 나는 팬이라는 그 독자를 알게 모르게 기다리게 됐다. 신간이 나오는 날은 판매지로 가는 일이 마치 연인을 만나기로 하고 약속 장소로 가는 듯이 즐거운 일이 되었다. 어느 날은 독자분이 도시락을 갖다주기도 해서 놀라움에 감사 표시로 점토 조각을 제작해 건네주기도 했었다.

그러던 어느 날, 독자분은 다시는 오지 못할 것 같다는 인사를 남기고 떠나갔다. 그 이후로는 그 독자분을 본 적이 없다.

한번 다시 뵙고 싶기는 합니다. 이름도 나이도 잊어버렸지만 얼굴은 뚜렷이 기억합니다.

모녀가 계단을 내려오다 엄마가 발을 헛디뎌 몇 계단을 굴렀다.
네다섯 살 정도의 여자아이는 엄마에게 매달리며
"엄마~ 엄마~" 하고 울부짖었다. 그러다 금세 그 상황을 잊어버리고는
호기심 어린 표정으로 나를 쳐다봤다.
그 모습이 잊히지 않는다. 잊을 수가 없다.

가족3

제가 이십 대일 때 잠시 만나 짧은 해후 이후 긴 이별을 하고 있는 여동생에 대한 이야기를 하고 싶습니다. 그럽기 때문이겠지요. 마흔여섯 번째 글입니다.

어떤 삶을 살고 있을까? 지금은 한 가족의 어머니로 살아가고 있을 나의 동생. 고모의 초가집에서 밤늦은 시간까지 아버지가 돌아오길 기다리다 라디오에서 흘러나오는 연속극 주제가 서유석의 〈그림자〉를 들으며 형과 동생과 내가 스르르 잠이 들어버렸던 유년기의 기억은 지금도 아픔으로 남아 있다.

따르릉 따르릉, 일요일 아침부터 전화벨이 울린다. 1차, 2차, 그리고…. 어제는 토요일이라 오전 근무만 마치고 회사 동료들과 밤늦도록 내 삶에 별 도움도 안 되는 많은 작가들의 생애를 논하면서 마셔댔다. 노인들의 정치 이야기처럼 허무한 느낌도 들었고, 어떻게 집까지 왔는지 침대에 쓰러져 잠든 스스로에게 놀랍

기도 했다.

"여보세요."

젊은 여자의 음성이 들려왔다. 일요일 아침에 여자에게 전화 올 일은 없는데, 의아하게 생각하며 전화기 속 목소리를 들었다.

"혹시 임상철 씨 집인가요?"

"제가 맞습니다. 그런데 누구시죠?"

"작은오빠, 저예요. ○○이."

"누구? ○○이?"

순간 술기운에 구역질이 나며 동생이란 존재가 있다는 게 잠시 동안 거북스럽고 불편하기도 했다. 가슴속에 묻어두고 생각만 하며 어떤 삶을 살고 있는지 궁금해했던 이름이지만 딱히 할 말이 없어 잠시 말문이 막혔다.

"어디서 전화하는 거니? 제주도?"

"여기 서울이에요."

"그래? 그러면 만나야지."

약속 장소를 정하고 나서 동생에 대한 기억을 더듬어보니 안개인 듯 잡히지 않고 형태만 흐릿한 단발머리 소녀가 떠올랐다. 언제 헤어졌더라? 형과 내가 보육원에 들어가기 전에 동생은 먼 친척 집에서 살 거라는 말도 있었는데…. 기억나는 건 우리 삼남매가 여관방에서 누군가를 기다리던 이틀 동안 친척과 낯선 사람들이 우릴 찾아왔다는 것뿐이었다. 그다음의 일은 끊어진 기억이 되어버려 연결이 되지 않았다.

약속 장소에 도착했을 때, 멀리서 보이는 한 여성이 가까이 갈수록 동생임을 알아볼 수 있었다. 더 가까이 가서 보니 동생의 얼굴에서는 아버지의 모습이 보이기도 했다. 가족이라는 말이 기쁘면서 사랑스러웠지만 한편으로 가슴이 메어 슬프기도 했다. 그래도 성인이 된 우리의 재회는 〈잃어버린 삼십 년〉이란 노래처럼 소란스럽지 않아서 다행이었다. 그 이후로 한동안 즐겁고 행복한 날들이 이어졌다. 서로 위해주고 위안받았던 사랑스런 나날들….

하루는 동생이 자신은 한 남자와 사귀다가 혼인신고를 먼저 했고 같이 살게 됐다고 말을 하였다. 나는 동생이 어린 나이에 결혼 생활을 시작하는 게 싫었지만 동생의 행복을 바랐다.

"작은오빠도 가정을 꾸려야 하는데."

"흐흐. 내가 결혼하면 여자가 불행해질 거야. 마음은 있지만 수도승처럼 살아야지."

예감은 현실이 될 때가 많다. 지금까지 나는 혼자다. 시간은 더 흘러 동생은 한 자녀의 어머니가 되었고 나에게도 조카가 생겼다. 그러나 곧 외환 위기가 찾아오면서 동생과는 다시 점점 멀어지며 서로에게 잊혀갔다. 나는 가족을 그리워는 해도 사랑하지는 않는 사람일 수도 있다. 이유는 모르겠다.

지금까지도 형과 동생의 삶을 알지 못합니다. 서로의 삶을 모르는 편이 서로에게 부담 없는 삶인지도 모르겠습니다.

꿈을 꾸었다. 황금 두꺼비를 찾아 나선 꿈을. 날아다니다가
창문으로 보이는 화목한 가정을 부러워했다.
내가 찾으려 했던 황금 두꺼비는 가족이었을까?

르네상스 공방

사람들은 가족같이 지내자는 말을 가끔 하는데 과연 어떤 의미인지 궁금합니다. 마흔일곱 번째 글입니다.

"삼촌, 오빠, 올라와서 식사하세요."

매일 아침마다 이 층에서 다른 목소리들이 내려와서 크게 소리 지르며 달콤한 아침잠을 깨운다. 귀찮기도 했지만 '오빠'란 소리가 친동생의 말처럼 들려와 이 집에 애정이 생기게도 했다.

나는 공방에서 일하는 사람이다. 나이는 스무 살이 안 됐고 이곳은 서울과 경계인 경기도에 있는 한적한 곳이며 집들이 띄엄띄엄 있는 농촌이다. 마을 사람들은 이 조그마한 공방을 '느티나무 집'이라고 부르고 있었다.

이 집의 첫 모습은 스산한 분위기로 어둡고 빈약했지만 88 서울올림픽을 지나면서부터 주문량이 늘어나 일꾼들이 모여들고 점차 활기 있게 튼튼해져갔다. 사각형의 콘크리트로 이루어져 연한 푸른색 페인트로 도색된 이층집은 위에는 주인 식구들이 살고 일 층에는 주인의 노총각 동생이 살았다. 나는 그를 '삼촌'이라 부르면서 일 층의 같은 방에서 함께 지냈다.

이 공방의 생산품은 인조대리석으로 만든 르네상스 시대 풍의 조각들이었다. 개인이나 성당에서 주로 소비하며 가끔은 일본 백화점으로 수출을 하기도 했다. 나는 직원으로 있지만 이 집에선 가족 같은 조수로 대하겠다고 했는데 실제로도 그런 느낌이었다.

아침 식탁에는 주인집의 두 딸이 함께했다. 큰애는 나보다 네 살이 어린 나이로 사춘기를 보내는 중이고, 둘째는 나보다 일곱 살이 어린 소녀다. 큰딸은 덜렁거리는 성격에 나에게 호기심이 있는 듯 간혹 간식을 들고 공방으로 찾아와서 일하는 모습을 살펴보기도 했다. 둘째는 조용한 편으로 그림자와도 같았다.

나는 이 집을 알아가면서 설날이나 추석, 때로는 제사 때도 스스럼없이 어울리며 참여해, 말뿐만이 아닌 진짜 가족이 된 듯이 우쭐할 때도 있었다.

그러나 몇 년이 지나면서 가족적인 분위기는 희석되며 생계의 장으로만 느껴지기 시작했고, 정이 무뎌져서인지 조각 실습을 하지 못하는 초조감 때문인지 결국 그곳을 떠나게 되었다. 그 이후 시간은 불행히도 흘러 나는 가방 하나에 떠도는 삶을 당연하게 생각하는 사람이 되어 서른이 넘은 나이를 지나가고 있었다.

하루는 인력 사무소에서 가게 된 현장이 그 공방 근처였다. 그

날 일을 마치고 궁금한 마음에 공방을 찾아갔다. 그곳은 외환 위기를 거치면서 수명이 줄어든 듯 인기척도 없이 적막했다. 조심스레 작업실을 들여다보니 한때 큰삼촌이자 사장님이었던 사람이 옛 모습 그대로 조각 작업을 하고 있었다. 그는 오랜만에 보는 날 반갑게 맞이하며 저녁을 준비해줬다. 거실에서 저녁 겸 술자리를 하면서 나의 형편없는 근황을 숨긴 채 허풍을 떨었지만 그분은 금세 알아버린 듯했다.

한참을 소란스레 거실에서 이야기를 나누는데 사모님이 목소리를 높였다.

"○○아, 상철이 오빠 왔다. 나와보지 않을 거니?"

곧 방문이 열리며 아름다운 여인이 된 둘째가 거실로 나왔다. 변한 세월이 놀라워 동그래진 눈으로 쳐다보았다.

"○○아, 너 어렸을 때 커서 나에게 시집온다고도 했는데 기억나니?"

둘째는 별걸 다 기억하고 있다는 듯 얼굴을 붉히고 일어나서는 자신의 방으로 냉랭히 가버렸다. 그 후 거실은 어수선한 파장의 눈치였고 나는 일어날 때가 온 거라 생각하며 배낭을 둘러메고 정하지 않은 길을 떠났다. 르네상스야, 안녕. 한때 가족이었던 사람들도 즐거웠어요. 이젠 영원히 안녕. 속으로 말하면서.

그 이후 한 번도 본 적이 없군요.

지하도에 사는 사람들.

구치소

십여 년이 넘는 홈리스 생활을 하다 보면 의도하지 않더라도 크고 작은 시비로 경찰서를 들락거리게 됩니다. 마흔여덟 번째 글입니다.

막노동 잡부 일을 마친 오후 여섯 시, 일당을 받으려고 즐거운 마음으로 인력 사무소에 왔다. 곧 천안에서부터 그림자 같은 동행이 되어 있는 십여 년 어린 친구도 일을 끝내고서 사무실로 왔다.

일당을 받은 우리는 사무실 근방 식당에서 사천 원짜리 닭곰탕으로 요기하곤 자연스레 하룻밤 집인 피시방을 찾아 들어갔다. 나와 동료는 눈치를 주는 사람들을 피해 일부러 구석진 곳에 자리를 차지했다.

의무적으로 컴퓨터를 켜고 졸음운전을 하는 듯한 밤이 깊어갈 때, 한 무리의 사람들이 들어왔다. 얼핏 보니 경찰 제복을 입은 사람과 형사처럼 보이는 사람이었다.

그 사람들은 피시방 안을 돌아다니며 모난 돌을 고르듯 몇몇 사람에게 주민등록증을 요구했다. 우리들 자리에 와서도 주민등록증을 요구하기에 나는 말소돼버린 주민등록증을 줬고 옆자리 동료는 주민등록증이 없어 주민등록번호를 직접 불러주었다. 그들은 우리 신분을 확인하고 나더니 문젯거리를 찾았다며 경찰서로 동행할 것을 요구했다.

나는 쌍방폭행으로, 동생은 예비군 훈련 불참으로 각각 오십만 원과 백만 원의 벌금이 있다고 했다. 둘 다 주소지 말소 상태라 기소 중지된 상태라는 것이다. 형사는 나에게 "아저씨 벌금이 오십만 원인데 내일 아침에 내면 이틀 치 빼고 사십만 원입니다"라고 말했지만 현재 그 정도의 돈을 갖고 있을 상황이 아닌지라 구치소에서 여드레 동안 있기로 했다. 그 기간을 굳이 초조해야 할 이유가 없었다.

그렇게 성동 구치소로 가서 신체검사를 하고 누런 옷을 받아 배정된 방으로 들어가니 먼저 있던 다섯 명이 일제히 나를 쳐다봤다. 한 사람이 팬티를 갈아입으라며 주었는데 이유를 몰라 눈치를 살폈으나 어쨌든 갈아입어야 하는 분위기였다. 다 같이 둘러앉아 내 소개인 죄목을 말하는데 한 사람이 날 보며 아는 체를 했다.

얼굴을 보니 몇 번 인력 사무소에서 같이 일하며 형, 아우 했던 사람이었다. "형님, 여기서도 만나네요" 하며 크게 반가움을 표시했다. 그가 이곳에 온 이유는 사기도박이라고 했는데 나와 같은 처지에 있는 사람으로선 어울리지 않는 죄목이었다.

며칠간의 구치소 생활은 아는 사람이 부방장인 덕분인지 별 탈 없이 편히 흘러갔다. 간혹 무료함을 달래고자 사람들에게 홈리스 생활의 우스운 이야기를 해주면 방장은 기분 좋은 표정으로 "오늘은 임 씨 때문에 지루한 하루가 아니군! 사식 들어온 닭고기와 과일 꺼내서 먹자" 하고 말했다. 중국산 고춧가루를 국산으로 둔갑시켜 전국의 도매상에 판매한 방장은 벌금이 십억 원에 이르렀다. 벌금형의 경우 하루 일당을 구치소에서 노역으로 없애는 게 많은데, 제하는 금액은 사람마다 다르다. 방장은 하루 제하는 벌금이 삼백만 원씩이었다. 이렇게 하루 제하는 벌금이 많은 사람을 '황제 노역'이라고 부르기도 한다.

곧 구치소를 떠나는 날이 다가왔다. 나는 "한번 면회 와서 사식비 넣어 줄게요" 하는 지키지도 못할 말을 하며 바깥세상으로 떠밀리듯 구치소를 나섰다.

한겨울이면 구치소는 홈리스들의 쉼터로 이용되기도 한다는 말을 들었습니다.

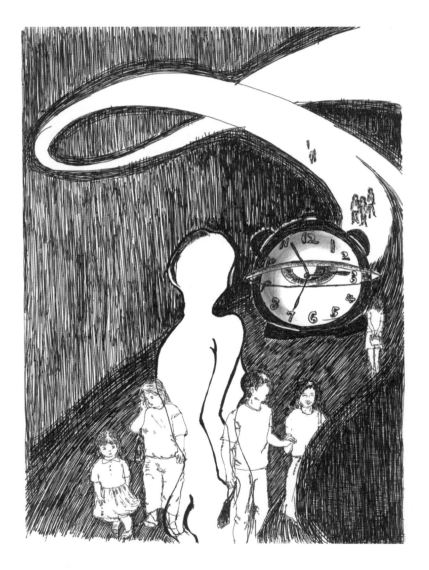

내 이야기는 시간의 기억이다.

럭키

리우 하계올림픽이 한창 열리던 시기에 한 연예인 모친이
양궁의 기보배 선수가 보신탕 먹은 일을 가지고 자신의
SNS에 막말을 했다는 기사를 읽은 적이 있습니다. 그 기사를
읽고 나서 저의 아주 젊은 날 일이 생각나 마흔아홉 번째
글로 드리겠습니다.

지금은 열일곱 살, 학교에 다닌다면 고등학교 1학년이 돼 있
어야 하지만 자의 반 타의 반으로 보육원을 나와 이곳 포장마차
가 붙어 있는 실내 야구장에서 일하며 생활한 지가 일 년이 되어
가고 있다. 보육원 원장은 일 년 후에 고등학교에 보내주겠다며
그동안은 사회 경험을 쌓으면서 지내라고 말했다. 원장 친척이
운영하는 이 실내 야구장은 사만 원의 월급을 통장으로 넣고 있
다지만 확인해본 적은 없었다. 월급에 크게 신경 쓰이지도 않을
뿐더러 일단은 보육원을 나와 지겨운 단체 생활과 불안한 밤을

면한 것 자체가 신천지처럼 느껴지기 때문이었다.

실내 야구장 바로 옆에 있는 포장마차는 사장이 세를 준 것이었다. 포장마차에서는 삼겹살과 보신탕을 주 안주로 해서 대폿집처럼 술장사를 하고 있었다.

하루는 포장마차 주인이 "임 군아, 남편이 급한 일 때문에 고기 가지러 못 가는데 같이 갔다 올까?" 하고 말했다. 호기심이 왕성해 궁금한 것은 참지 못하는 나는 개 사육장이 궁금한 마음에 말을 잘 듣는 소년이 된 듯 "예, 같이 가요" 하며 양손에 큰 대야와 바구니를 들고 따라나섰다.

개천이 보이는 변두리 판잣집 동네를 삼십여 분쯤 걸었을 때 주인아주머니가 한 판잣집으로 들어갔다. 잠시 후 흥정을 끝낸 듯 주인아주머니와 한 남자가 같이 나왔다. 셋이서 개천을 가로질러 가니 개 사육장이 보였고 많은 개들이 철장 안에 웅크리고 있었다. 철장 안의 개들은 나를 보고서 아주 사납게 짖어댔는데 사육장 주인인 듯한 남자가 힐끗 쳐다보자 신기하게도 쥐 죽은 듯 조용해졌다.

심각한 얼굴로 철장 안을 살펴보던 개 주인은 누렁이 한 마리를 끄집어내더니 "이 정도면 근수가 더 나가겠는데. 이 놈 잡으면 제가 좀 손해 봅니다만 단골이라 해드리는 겁니다" 하며 멀찍이 서 있는 아줌마에게 소리쳤다. 그러고는 버둥거리는 개에게 목줄을 채워 바닥이 시멘트로 다져진 천막 안으로 끌고 갔다. 따라가

보니 그곳엔 이상한 비린내와 습기가 배어 있어 숨 쉬기도 거북스러운 죽음의 냄새가 났다.

사육장 주인은 시멘트 바닥에 있는 갈고리에 목줄을 걸어 누렁이를 잡아당기고 나서는 긴 쇠파이프로 단 한 번 개의 머리를 쳐서 방금까지 살아 있던 개를 순식간에 고깃덩어리로 만들어버렸다. 나는 그 순간 빛났던 사내의 귀기 어린 눈빛을 보았고, 그 후로 간혹 사람들의 눈을 제대로 보지 못하는 버릇이 생겼다.

아주 희미한 어린 시절. 저희 집에도 '럭키'라는 이름의 개가 있었습니다. 어렸을 때지만 럭키란 이름이 한국말로 행운을 뜻한다는 것, 행운이란 말이 무얼 뜻하는지도 어렴풋이 알고 있을 때였습니다. 럭키는 어느 날부터 보이질 않았는데요. 럭키를 찾으면 도망갔다는 대답만 돌아왔던 게 생각납니다.

그림을 사랑했던 어머니.

빅판과의 동행

제가 잡지 판매하는 이곳 공항철도 지하도는 주말 빼고는 조용한 편입니다. 이 조용함과 드문드문 오가는 사람들의 잔잔한 소음은 졸음을 부르면서 저를 게을러지게 만들기도 합니다. 쉰 번째 글입니다.

신간이 나오는 날, 빅이슈 사무실에서 잡지를 구매해 포장하고 있을 때 처음 보는 여성 빅판이 잡지를 구매하고선 내 앞으로 왔다.

우리는 같은 책상 위에 잡지를 놓고 마주 선 채로 서로를 의식하지 않고 잡지 포장을 했고 비슷한 시간에 끝마치게 되었다. 그 빅판이 "아저씨는 어느 곳에서 잡지 판매하세요?" 하며 나에게 말을 건네기에 "홍대역에서 하고 있습니다" 하고 대답했다.

"전 합정역인데 가는 방향이 같군요. 같이 가죠" 하기에 목적지로 향하는 동안 우리는 동행이 되었다.

〈빅이슈〉를 판매한다는 것만으로 굳이 말하지 않아도 서로의 처지를 짐작할 수 있기에 우리는 별말 없이 역으로 향했다. 지하철을 타고 나서 동행 빅판은 자신의 아들에 대해 이야기하기 시작했다. 고등학교 3학년이며 장애를 갖고 있는 아들의 꿈은 웹툰 작가라 했다. 그는 스마트폰 속에 있는 그림들을 나에게 보여 주며 잠시 동안 얼굴이 밝아졌다.

나도 내 이야기를 했다. 내가 하고자 했던 일은 조형물 제작자이자 화가이며 조각가였지만 현실은 세월만 흘러 지금이라도 늦게나마 잡지 판매와 병행하며 애쓰고 있다고 말했다. 그러나 학력도 배경도 없고 어린 날 잃어버린 한쪽 눈으로 인해 작업 시 눈에 금세 피로감이 쌓이는 약점이 있어 내가 꿈꾸는 삶을 살아가는 건 현실적으로 불가능에 가까울 수도 있다 말했다. 한편으론 평범하지 않은 삶의 단점을 미술적인 장점으로 바꿔보고 싶은 마음이 있다고도 했다.

그 사이 2호선 지하철은 합정역에 도착했고 동행했던 빅판은 뜻 모를 한숨을 내쉬고서 자신의 짐을 챙긴 후 나를 한 번 쳐다보고는 내렸다. 빨간 배낭과 카트만이 눈에 들어왔다.

지하철은 다시 움직였다. 나는 다음 역인 홍대입구에서 내려 3번 출구로 갈 것이 분명하며 생계인 잡지를 펼쳐놓은 채 어떤 날은 글을 쓰고, 어떤 날은 그림을 그리고, 어떤 날은 사유할 것이다. 또 어떤 날은 이런저런 구상을 하며 점토 작업을 할 것이다.

나는 예술가도 작가도 아닌 작업자다. 점토 한 덩어리 속에서 무언가를 잡아내기 위해 덜어내고 붙이고 하며 손과 머리와 가슴으로 일하고 싶은 작업자다. 손튼 다이얼, 클레멘타인 헌터, 빌 트레일러, 바스키아, 존 돌란 같은 거리의 작업가로 살아가고 싶은 사람이기도 하다.

|

가정을 꾸려가는 모든 분들을 저는 존경하고 있습니다.

강아지 이름은 조지이고 사람은 존 돌란이다.
마약 중독에 절도로 교도소를 들락거리며 노숙 생활과
길거리 동냥으로 살던 그는 조지를 만나고 나서 그림을 그리며
자신의 인생을 살고 있다.

가방 속 그림

2018년의 여름은 각 가정에 에어컨은 선택이 아니라
필수라고 말하면서 떠나갔고 이어 혹한의 겨울이 찾아오지
않을까 해서 마음에 부담이 있습니다. 가을 주말의 연남동
공원을 바라보다 단골로 잡지를 구입하던 한 독자분이
생각나 쉰한 번째 글로 드리겠습니다.

사람들이 자신의 시간을 고맙게, 아니면 게으르게 다루면서
지내는 오후 다섯 시경, 눈에 익은 걸음으로 다가오는 노인이 있
었다. 나는 반갑게 "안녕하세요" 하며 습관적으로 신간 잡지 한
권을 건넸고 노인은 익숙하게 오천 원짜리 지폐를 건네줬다.

잠시 침묵이 흐르다 노인은 내년이 자신의 팔순인데 회고록
을 만들어 지인들에게 나눠 줄 생각이라고 말했다.

"책 표지는 어찌해야 하나 고민 중이기도 한데…."

"제 생각엔 표지를 그림으로 하는 게 좋을 듯한데 어떠신가요,

어르신? 전문 일러스트 작가에게 의뢰해서 하면 좋을 듯싶습니다."

"괜찮은 생각인데, 임 선생 아는 작가 있습니까?"

"전 아는 사람이 극소수입니다. 인터넷 검색해보면 저렴한 가격에 찾지 않을까 생각합니다."

그러다 문득 내가 그려야 할 것 같은 마음이 들어 "어르신, 외람되지만 제가 회고록 표지를 그려보면 어떨까요?" 하고 말했다. 그 말을 들은 노인은 "그래주면 좋지요. 시간 날 때 천천히 한 점 그려주게" 하고 말했다. 내 스마트폰 속 앨범에는 노인의 모습이 저장됐고 어르신은 이내 잡지를 들고 길을 떠났다.

그 후, 다음 신간이 나올 때가 되어 A4 용지에 펜화로 그리고 색연필로 채색한 어르신 그림을 가방 속에 넣고 다녔다. 어르신은 곧 신간을 구매하러 왔다. 나는 A4 용지에 그린 펜화를 보여주면서 "전에 약속했던 회고록 표지용으로 그려본 그림입니다. 어떠신가요, 어르신?" 하면서 노인의 표정을 눈치로 살폈다. 펜화를 본 노인은 흐뭇해하는 얼굴로 말했다.

"임 선생이 수고해서 마음에 듭니다."

그러고는 "그림값을 줘야 하는데…" 하며 혼잣말을 웅얼거렸다. 그 말을 들은 나는 "어르신, 아닙니다. 저에게 꾸준히 잡지 구매해준 것에 대한 조그마한 성의 표시로 받아주시죠" 하며 진심으로 거부했지만 어르신은 완고한 표정으로 재료비에라도 보태라며 잡지 가격 오천 원을 포함해 이만 원을 주머니에 넣어줬다.

A4 용지에 그린 그림을 만 오천 원에 판매하게 된 일은 내 생애 첫 그림 판매이기도 해 기분이 꽤 좋았다.

그 이후로도 어르신은 신간이 나올 때마다 잡지를 구입하러 종종 오셨다. 나는 습관적으로 신간을 내밀면서 표지에 내 그림이 들어간 어르신의 회고록을 상상하곤 했다.

건강하게 행복하게 오래 사시길 바랍니다. 어르신.

잡지 판매 전에 잠시, 동료 빅판과 잡담을 나눈다.

작은 행복, 또는 축복

요즘은 빛을 향해 가려고 애쓰면서 삶에 있어 중요한 체력이 방전되는 걸 염려해야겠다는 생각도 하고 있습니다. 소소한 행복이란 무얼까요? 소소한 행복과 소소한 기쁨, 소소한 축복의 이야기를 쉰두 번째 글로 드립니다.

누군가 내 어깨를 툭툭 건드렸다. 그리고 들려오는 목소리.

"아저씨, 청소해야 하니 자리를 옮겨주세요."

실눈을 뜨고 그가 건드린 어깨 너머로 쳐다보니 어젯밤 카운터를 지키고 있던 젊디젊은 피시방 직원이 날 보고 있었다. 시간은 아침 여덟 시를 지나고 있었다. 멋쩍은 표정으로 부스스 일어나 분신인 검은 배낭을 챙겨 들고 몇 칸 건너 옆자리로 옮겼다. 내 자리가 치워지길 기다리는 동안 직원은 무심하게 컴퓨터 키보드를 뒤집어 두들기고 닦으며 청소를 마치곤 화장실로 사라졌다.

다시 내 자리로 돌아가 컴퓨터를 켜자 모니터 화면에는 돈을 내야만 부팅할 수 있다는 메시지가 떴다. 카운터에서 내 자리를 선불로만 부팅할 수 있게끔 설정해놓은 듯했다. 주머니를 뒤져 몇 푼 없는 돈으로 선불 한 시간을 넣고 인터넷으로 성남의 노숙인 쉼터를 찾아보기 시작했다. 여러 곳을 검색하다 피시방에서 멀지 않은 곳에 있는 쉼터를 알게 되어 곧장 전화를 걸었다.

"제가 사정이 있어 그곳에서 한 달 정도만 지내려고 합니다. 가능한지요? 꼭이요."

전화를 받은 이는 심드렁한 말투로 "오세요" 하고 말했다.

쉼터 건물은 일본풍의 하얀 목조건물로, 쉼터인지 몰랐다면 아늑한 중산층의 집으로 보일 것 같았다. 안에 들어서니 내부는 사무실이었으며 통화했던 사람인 관리자가 맞이하며 상담을 진행했다.

"사정인즉 지금 당장 돈도 없고 잠자리 문제도 있어 이곳 쉼터서 한 달 정도만 있으면서 노동 일로 고시원 비용 마련하고 싶습니다."

관리자는 "선생님, 이곳에 있으려면 노숙 시설 이용 등록을 해야만 합니다. 하지만 급해 보이니 일단 입소하시지요" 하는 융통성 있는 말로 건물 지하에 있는 네 개의 방 중 한 곳을 배정해줬다. 나는 더러운 냄새를 지우기 위해 배정받은 방 화장실에서 곧장 목욕을 했다. 그러고는 안도감에 피로가 몰려와 슬며시 누워 잠이 들었다.

저녁이 되자 행운을 기대할 수 없는 상태의 축 늘어진 몸을 가진 사람들이 쉼터로 모여들었다. 처음 보는 사람들과 불편한 시간을 갖게 된 것에 어색했다. 아마 그들도 나에게서 행운의 기운을 느끼지 못했으리라.

오랜만에 맞이한 안전한 하루가 지난 다음 날, 분신인 검은 배낭과 함께 노동 일을 마치고 쉼터로 돌아갔다. 방에 가서 목욕을 끝내고 옷을 갈아입으려고 찾는데 어제 분명 벗어서 옷걸이에 걸어놨던 옷이 보이질 않았다. 의아하게 생각하고 있을 때, 방장인이가 웃으며 다가와 말했다.

"임 씨, 오전에 내 옷을 세탁하려고 보니 임 씨 옷도 보이길래 같이 세탁했네. 지금쯤 건조됐을 테니 찾아서 입게."

순간 머리가 하얘져 고개를 숙여 감사 표시를 하자 그는 "나야 몸이 안 좋아 쉼터에만 있으니 낮에 활동하는 사람을 위해 당연히 해야 할 일이지" 하고 말했다.

잠시나마 사람들을 불신했던 마음은 그의 조그마한 선의와 함께 사라졌고 그곳에서 한 달을 지냈다.

노동 일로 고시원 비용을 벌고 나서 쉼터를 나왔습니다. 개인적인 생각으로 홈리스가 됐을 때는 쉼터에 있으면서 천천히 자립을 생각하는 것도 좋을 것 같습니다.

기꺼이 모델이 되어준 모녀.

감사의 말

"안녕하세요. 홍대입구역 빅판입니다. 잘 지내셨는지요?"

저는 잡지 뒷면에 넣는 수필의 첫머리 인사말을 항상 이렇게 적습니다. 이 책을 구입하신 독자분께서도 잘 지내셨는지요?

제가 개인적인 수필을 빅이슈 잡지 뒷면에 넣다 보니 어느덧 책 분량만큼의 원고가 생겼고 운 좋게도 출판사와 인연이 되어 책으로까지 나왔습니다. 그저 한 사람의 소소한 이야기 같지만 삶의 길을 찾아가는 여정이었다는 데 큰 의미를 두고 싶습니다. 무엇보다 이 이야기를 읽어주신 분들께 감사 인사를 드립니다.

제 이름으로 된 책이 나오게끔 징검다리 역할을 해준 빅이슈, 지인인 김원 사진작가님, 갤러리서울 대표인 배민영 님과 동료들, 봄날밴드 드러머로 있는 동료 빅판을 비롯한 다른 빅판 동료들, 또 〈빅이슈〉 독자로 알게 되어 지금까지 인연을 이어오고 있는 김현정 작가님, 한대식 선생님, 첫 공동 전시를 기획해준 가톨릭 청년회관 '다리'의 수녀님, 신부님, 이름 모를 〈빅이슈〉 독자분들과 페이스북 친구분들, 시각 예술가의 길을 격려해주는 방두영 화백님, 한국장애인미술협회 관계자분들, 마지막으로 잡지 뒷면에 끼워 넣던 수필들을 모아 책으로 만들어준 생각의힘 출판사 관계자분들께 큰 감사를 드립니다.

저는 지금도 정신적으로나 기술적으로나 습작생이며 또한 영원히 습작생일 수도 있습니다. 사실 저에게 미술적 재능이 있는지에 대해서도 확신은 없습니다. 다만 '재능은 당신을 오랫동안 기다리지 않는다'는 누군가의 말을 떠올리며 하루하루 미술을 하려고 합니다. 사람들이 제 그림이나 조각을 보면서 작은 기쁨이나 위안을 얻는다면 전 그걸로 만족합니다.

앞으로도 제 꿈을 탐구하며 살아가는 것이 절 알고 있는 분들께 진 마음의 빚을 갚아나가는 방법이라고 생각하며 이만 글을 마치겠습니다.

임상철